本书是2022年河南兴文化工程文化研究专项基金项目"清代民国少林武术生存空间演变与社会变迁研究"（项目批准号：2022XWH154）的阶段性研究成果

# 黄河流域武术文化研究

## 以嵩山少林武术文化为例

HUANGHE LIUYU
WUSHU WENHUA YANJIU

赵长贵 著

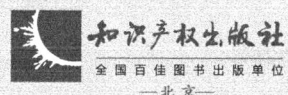

知识产权出版社
全国百佳图书出版单位
—北京—

图书在版编目（CIP）数据

黄河流域武术文化研究：以嵩山少林武术文化为例／赵长贵著．—北京：知识产权出版社，2023.6

（黄河流域文化研究丛书）

ISBN 978–7–5130–8727–8

Ⅰ．①黄… Ⅱ．①赵… Ⅲ．①少林武术—文化研究 Ⅳ．① G852

中国国家版本馆 CIP 数据核字（2023）第 062086 号

内容提要

少林武术既是中国传统文化和体育事业的重要组成部分，又是进行国际文化交流的重要媒介和国外了解中国文化的重要窗口。本书通过深入挖掘少林武术的文化内涵和历史底蕴，展示了少林武术的沧桑变迁，可以帮助人们加深对少林武术文化的了解。

本书可供历史学领域的研究者阅读，也适合对武术文化感兴趣的读者阅读。

责任编辑：高　源　　　　　责任印制：孙婷婷

黄河流域文化研究丛书

**黄河流域武术文化研究——以嵩山少林武术文化为例**

HUANGHE LIUYU WUSHU WENHUA YANJIU——YI SONGSHAN SHAOLIN WUSHU WENHUA WEI LI

赵长贵　著

| | | | |
|---|---|---|---|
| 出版发行：知识产权出版社有限责任公司 | | 网　　址：http：//www.ipph.cn |
| 电　　话：010-82004826 | | 　　　　　http：//www.laichushu.com |
| 社　　址：北京市海淀区气象路 50 号院 | | 邮　　编：100081 |
| 责编电话：010-82000860 转 8701 | | 责编邮箱：laichushu@cnipr.com |
| 发行电话：010-82000860 转 8101 | | 发行传真：010-82000893 |
| 印　　刷：北京中献拓方科技发展有限公司 | | 经　　销：新华书店、各大网上书店及相关专业书店 |
| 开　　本：787mm×1000mm　1/32 | | 印　　张：8.5 |
| 版　　次：2023 年 6 月第 1 版 | | 印　　次：2023 年 6 月第 1 次印刷 |
| 字　　数：200 千字 | | 定　　价：68.00 元 |

ISBN 978–7–5130–8727–8

出版权专有　侵权必究

如有印装质量问题，本社负责调换。

# 目 录

**绪 论**     **001**

  第一节   选题缘起     001

  第二节   武术与功夫的区别及其功用     003

  第三节   少林武术研究现状     008

  第四节   研究意义     023

  第五节   主要研究方法     025

**第一章   南北朝时期少林武术的形成**     **026**

  第一节   北魏时嵩山少林寺的创建与"少林"之含义     026

  第二节   达摩面壁的传说     030

  第三节   少林武术的起源     037

**第二章   隋唐时期少林武术的扬名**     **082**

  第一节   隋末少林武术在战乱中初露锋芒     083

  第二节   唐初少林武术一鸣惊人     088

  第三节   "十三棍僧救唐王"与"少林武僧助秦王"之辨     095

## 第三章　五代宋金元时期少林武术初步发展　　104

第一节　五代宋金少林武术的初步发展　　104

第二节　元代少林武术发展受阻　　110

第三节　元代少林武术远播日本　　115

## 第四章　明代少林武术的兴盛　　119

第一节　明代优待嵩山少林寺的政策　　119

第二节　明代少林武术发展和传播的有利条件　　127

第三节　明代少林武术的发展　　131

第四节　明代少林武术的繁盛　　143

## 第五章　清代少林武术渐衰式微　　162

第一节　清代少林武术政治生存空间之演变　　162

第二节　清代少林武术的民间传播　　180

## 第六章　民国时期少林武术的凋零　　196

第一节　社会动荡下的少林武术　　196

第二节　历史人物与少林武术　　207

第三节　民国时期少林武术的传播　　212

## 第七章　中华人民共和国成立后少林武术的新生　218

第一节　中华人民共和国成立后少林武术的普及和推广　218

第二节　改革开放以来嵩山少林武术的迅速发展　220

第三节　少林武术成功入选第一批国家级非物质文化遗产名录　230

## 结　语　232

## 附录一　少林武术的套路　238
## 附录二　《少林习武戒约》　249

## 参考文献　251

## 后　记　263

# 绪 论

## 第一节 选题缘起

众所周知，武术文化是中国传统文化的重要组成部分，它博大精深，内容丰富多彩，长期以来享誉国内外，既是人们了解中国的一个窗口，又是中国走向世界的一张亮丽名片。黄河流域是中华文明的发源地之一，作为中华民族的母亲河，黄河不仅哺育了发达的农耕文明，而且哺育了内涵丰富、多姿多彩的武术文化。作为中国武术重要组成部分的少林武术（又称"少林功夫"），即发源于黄河中下游地区。

少林武术是在长期汲取民间武术精华和军事实践基础上逐渐形成、发展起来的。嵩山少林寺建寺之初即与武术关系紧密，而之所以如此，一方面是因为少林寺地处深山野林之中，猛兽出没，乱世之中更是匪盗窜伏，恶劣的自然环境客观上要求少林寺僧众必须有强健的体魄以自卫生存；另一方面是因为少林寺所在的登封县（今河南省登封市）位于古都开封和洛阳之间，虽是通衢，但又有嵩山险隘，乱世乃兵家必争之地。处于此环境之中，无论是护家抑或卫身，武艺都必不可少，因而当地习武成风，少林寺的僧人也随俗练武。❶由于嵩山少林寺的练功条件优越，寺僧功夫渐至超群，于是寺因武显，武以寺名。

少林武术是中国北方武术流派的突出代表之一，其历史悠久、门类众多、体系完整。作为中华优秀传统文化的一个重要载体，少林武术历经1500多年，历久弥新，至今仍然具有突出的现实价值和世界影响，是我们坚定道路自信、理论自信、制度自信、文化自信的重要文化依托之一。可以说，深入挖掘少林武术深厚的历史文化底蕴，向世界各国人民多维度地展示其精髓，客观讲述其中的精彩故事，是讲好中国故事、传播好中国声音、有效提升中国文化软实力和影响力的一条重要途径。然而令人痛心的是，由于种种原因，许多少林武术套路消失于历史长河之中，并没有传承下来。明清时期，少林拳各项套路尚多达340多种，而现在保留下来的仅有40余种。❷这种严峻的状况，迫切需要我们加强对少林武术文化的挖掘、研究、保护与弘扬，此即笔者著本书的旨趣所在。需要指出，提到少林武术，少林寺本身便是一个绕不开的话题。历史上有多座寺院以"少林"为名，在福建省福清市南岭村附近还有一座"嵩山"，其

---

❶ 张卫国：《挂单少林寺》，香港：三马图书有限公司，2000年版，第6—7页。
❷ 栗胜夫：《论我国传统武术的传承与发展》，《武汉体育学院学报》2007年第4期，第41页。

上建有少林寺;❶许多武术流派也以"少林"命名。本书所指的少林寺和少林武术,特指河南省嵩山少林寺及其武术。

## 第二节　武术与功夫的区别及其功用

《管子》一书,最早间接地提及"武术"一词:"寝兵之说胜,则险阻不守。"唐朝人房玄龄为之作注言:"言事者竞陈寝兵,其说见用而得胜,则武术必偃,虽有险阻,不能守矣。"❷而最早明确提出"武术"一词者,是南朝宋人颜延年,他在《皇太子释奠会作诗一首》中写道:

> 国尚师位,家崇儒门。禀道毓德,讲艺立言。浚明爽曙,达义兹昏。永瞻先觉,顾惟后昆。大人长物,继天接圣。时屯必亨,运蒙则正。偃闭武术,阐扬文令。庶士倾风,万流仰镜。❸

仔细剖析上文,可以发现与房玄龄说的"武术"一样,颜延年提到的"武术"也是指军事活动,并非现代意义上的武术。

在相当长的历史时期内,武术有技击、武艺、技勇、手搏、角艺、功夫、武功、拳勇、角力、白打、使拳、使艺、拳法、把式、对力、对拳等多种称呼。民国时期,人们一般称中国武术为"国术""国技",

---

❶ 周伟良:《福建少林寺史料辩证——兼论南少林的历史缘起》,《中华武术》2018年第7期,第7页。

❷ 管仲著,房玄龄注:《管子》卷一《立政第四·九败章》,明万历十年刻本。

❸ 颜延年:《皇太子释奠会作诗一首》,萧统:《文选》卷二〇《献诗》,明隆庆六年刻本。

有时也以"武术"相称，视其为中国传统文化的精华之一。1949年中华人民共和国成立以后，"武术"作为一个专用名词固定下来，且使用的频率非常高，成为社会生活中的一个热门词语。顾名思义，"武术"由"武"和"术"两部分组成。在某些特殊的历史时期和特殊的语境下，人们往往有意无意地扩大或缩小其含义，或者将其扩大为"武力"，或者将其缩小为一个具体的体育运动项目。关于"武术"一词的词源和词义，1915年初版《辞源》注释为："武术，犹言军事。……后多指强身、自卫等技击之术。"❶《汉语大词典》《重编国语辞典（修订本）》等在注释"武术"时，也多采用这种说法，许多武术论著在涉及"武术"一词的出处，以及界定"武术"的含义时，往往引此为据。而长期从事武术研究的著名学者康戈武先生认为，"武"泛指战争、御乱、战备，包括攻防技术、心理素质和运动素质三者在战时的运用和平时的习练；"术"具有方法、技术、理论等含义。因此，"武""术"两个字连成"武术"一词，其本义可以简单解释为"武之术"，其内容包括武的技术、武的练法、武的用法、武技及其练法和用法的理论4个部分。❷

"武"，从字形上看，由"止"和"戈"两部分组成，但并不是"以暴制暴"之意。"止"，古代同"趾"，指脚趾；"戈"，是一种兵器。"武"

---

❶ 商务印书馆编辑部等：《辞源》，北京：商务印书馆，1979年修订本，第2册，第1671页。

❷ 康戈武：《"武术"字词源义的研究及其现实意义》，《武术研究》2019年第2期，第4页。

字的本意,是指打斗时要站稳脚跟,准备好打斗的身姿,也就是我们经常讲的下盘要稳,只有这样才能够取胜。楚庄王曾说:"夫文(指"字"——引者)止戈为武。……夫武,禁暴、戢兵、保大、定功、安民、和众、丰财者也。"❶可见,"武"是指一种制止暴力、建功立业的强大力量,它能保家卫国,稳定社稷,维护和平,安民裕财。现代所谓"武术",是指运用兵器等器械和诸如拳、脚、手臂、手指、手掌、头、背、肘、腿、膝等肢体,进行攻击、防御、健身和表演的技术。例如,少林拳、太极拳、梅花拳、八卦掌、铁砂掌、鹰爪功、一指禅、二指禅、剑术、刀术、枪术、棍术、鞭术、镖术、气功、轻功、硬功等。"武术"是古代军事战争传承下来的一种技术,习武可以强身健体,可以御敌自卫,亦可以作为谋生致富的一种手段。习武虽然以"制止侵袭"为基本目的,但是也可以作为人们认识自然、社会客观规律的传统教化(武化)的一种方式。中国传统武术伴随着中国历史的车轮走过了几千年的风雨历程,发展至今,成为我们维护自身安全和权益的强大力量,从而有效提升内心的安全感、幸福感。

而"功夫",是指时间、素养、精力、技能、造诣等,它比"武术"的范围要广泛得多。已有史料表明,"功夫"一词最早见于西晋陈寿著《三国志》,书中记载,正始七年(246年)春天二月,曹魏齐王曹芳下诏说:

---

❶ 左丘明:《春秋左氏传·宣公十二年》,明崇祯年间刻本。

> 吾乃当以十九日亲祠，而昨出已见治道，得雨当复更治，徒弃功夫。每念百姓力少役多，夙夜存心。道路但当期于通利，闻乃挝捶老小，务崇修饰，疲困流离，以至哀叹。吾岂安乘此而行，致馨德于宗庙邪？❶

显而易见，在齐王曹芳的言语中，"功夫"是精力和时间之意。而东晋常璩《华阳国志》则记载：

> 以佃兵作船，船不时成。当辄召，以速为机，设当见却，功夫已成，势不得止。❷

联系上下文，我们可以发现在这里"功夫"则含有准备工作之意。清末，人们以"功夫"来称呼"武术"，但它主要体现于个人在武术上的应用和造诣，与武术本身尚存在一定区别。现代而言，"功夫"作为各种搏斗技巧的统称，将套路和搏斗作为运动形式，主要以技击为内容，相对于现代武术来说，它保留了杀伤性较强的招式和套路，观赏性比较小。

众所周知，武术的功用比较多，其主要功用有防身自卫、强身健体、愉悦身心、陶冶道德情操、增进交流等，现分别介绍如下。

防身自卫。这是练习武术的直接目的之一。在人们习武过程中，既可以增强体质，又可以掌握一些攻防格斗技能，增强攻防格斗的能力，以提高防身自卫能力。

---

❶ 陈寿：《三国志》卷四《魏书四·齐王纪》，元大德十年刻本。
❷ 常璩：《华阳国志》卷一一《后贤志·何攀》，明嘉靖四十年刻本。

强身健体。强身健体既是练习武术的直接目的之一，也是练习武术的一个重要功用。练习武术可以内外兼求，对身体产生多种良好影响。具体而言，这一功用体现在以下三个方面。

一是长期练习武术，能调节人体的内循环，有效增强身体的免疫力，抵御一些病毒的侵袭，治疗多种慢性疾病，从而发挥良好的保健治疗作用。二是在打斗中的判断、进退、腾挪、躲闪等行为，不仅有利于提高人体的反应速度、力量、灵巧度和耐力，而且还能够锻炼人的思维能力，长期坚持习武，能使人思维敏捷，眼明手快，身姿矫健。三是在练习和表演武术过程中，有不少屈伸、缠绕、回环、腾跃和翻滚等动作，这些动作无疑可以增强人体的肌肉力量，拓展肌肉韧带的延展性，提高关节运动的幅度，从而促进身体的柔韧性，提高抗摔打能力。

愉悦身心。武术的节奏非常优美，其套路运动中的摔、打、踢、拿、跌等动作往往完美结合，一气呵成，表现出武术内外合一、形神兼备的和谐之美，令人心旷神怡，情不自禁地拍手叫好。在对抗的过程中，双方表现出来的激烈搏斗和攻防技巧，以及顽强拼搏、不轻言败的精神，皆能给人们一种身心愉悦感和事在人为的精神激励，丰富其精神生活，提升其内心境界。

陶冶道德情操。作为中华民族的传统美德，中国人非常注重继承发扬本民族讲道德、重礼仪、守承诺的优良传统，武术教育也十分重视武德的教育，要求习武者一定要尊师重道、讲礼守信、严于律己、宽以待人、除暴安良、抑强扶弱,而这些优良的道德品质都可以在练习武术的过程中逐渐形成。因此,在习武时,师父非常看重徒弟的人品,认为立武德重于学武术,要求他们在习武时首先学会为人处世,努力培养吃苦耐劳和坚忍不拔的精神,从而促进自己的全面发展。

增进交流。武术活动具有明显的大众性,非常讲究"以武交友""以武会友""以武知友",可以通过习武和比武了解对方,培养共同的兴趣爱好,加强交往。在此过程中,习武者不断切磋技艺、交流思想,从而深入了解对方,建立友谊、巩固友谊、深化友谊。此外,通过武术活动还可以促进国家和地区间的交往。

## 第三节 少林武术研究现状

学术界对少林武术的研究始于20世纪初。1917年,毛泽东以"二十八画生"为笔名撰《体育之研究》(《新青年》1917年4月第3卷第2号);1919年,郭希汾(字绍虞)著《中国体育史》(上海:商务印书馆,1919年版);1929年,徐震(字哲东)编《国技论略》(上海:商务印书馆,1929年版);1930年,唐豪(字范生)著《少林武当考》(南京:中央国术馆,1930年版)。这些论著开始关注少林武术的发展,并对其源流进行了考察。此后,论及或专考少林武术者代不乏人。改革开放后,随着1982年电影《少林寺》的放映,在全球范围内形成了一股"少林武术热",对少林武术的研究逐渐成为学术界的一个热点。

## 一、对少林武术起源的研究

少林武术的起源以其巨大的魅力,吸引着一批又一批学者。旷文楠的《少林习武的发端及早期道教武术》(《体育文史》1994年第4期)一文认为,佛教与武术产生了一定的联系,少林武术便是在这样的条件下发端的,少林僧人尚武可以说与少林寺开创始于同时。而朱永光、林群勋、蔡宝忠等撰写的《少林武术起源五种"创拳说"评述》(《北京体育大学学报》2004年第12期)一文,在比较分析"达摩创拳说""僧稠(同"惆",取"诸行皆苦"、令人惆怅之意)创拳说""隋唐创拳说""明清创拳说"等诸多少林拳起源说的基础上,认为少林武术是在"禅武结合"第一人——僧稠禅师进入少林寺之时,即北魏宣武帝延昌年间产生的。另外,少林武术是在军事实践与汲取民间武术精华基础上发展起来的,是少林寺众多武僧集体智慧的结晶。少林武术的起源与发展,始终与体育、宗教、文化的发展紧密相连,这也是它历久不衰的重要原因。申怀松的《少林武术起源考辨——僧稠创拳说》(《河北体育学院学报》2007年第1期)利用文献考证法、文物考古法、系统论等研究方法,对少林武术起源于僧稠创拳说进行了重新考辨。申氏基于没有发现稠禅师把自己的武术传授给弟子们的记载,认为稠禅师也许是第一个带武术进入嵩山少林寺的和尚,但是至今还没有足够的证据表明他在嵩山少林寺传播自己的武术,也没发现他离开嵩山少林寺后招收徒弟传播自己的少林武术的记录,他离开嵩山少林寺后去过的地方也都没有成为武术中心。申氏进而指出,如果说少林武术起源于稠禅师,那么必须具备两个条件:其一,在嵩山少林寺僧众中稠禅师是第一个会武术的,也就是起源问题;其二,稠禅师的武术得到了广泛的传播,也就是传习问题。"起源"是萌芽、发生的过程,"传习"是延续、进化、发展的过程。这两个条件缺一不可,全部具备才符合逻辑,也才有说服力。

吴长稳、宇恒伟的《菩提达摩与少林寺武术源流考》(《体育文化导刊》2010年第7期)一文通过对菩提达摩进入中国的年代、菩提达摩的事迹及他对后世武术的影响进行考证,认为虽然没有直接的资料证明菩提达摩与少林武术之间的渊源,但是他所弘扬的觉悟佛法、禅定神通、"二入四行"与少林武术之间有密切的联系,菩提达摩对少林武术的产生具有诱发作用。于璨的《少林武术的历史发展进程研究》(《武术研究》2018年第6期)一文认为,为了能够在战乱中生存下来,更是为了保卫寺院的安全,以僧稠为首的少林寺僧众便有了习武之举,这是少林武术的雏形。王慧、刘传勤的《少林武术发展历程研究》(《武术研究》2021年第5期)一文认为,从时间上来说,少林武术的起源主要有"隋唐起源"和"南北朝起源说",且河南省安阳市邺下寺院为少林武术起源地之说最为可靠。

揆诸众说,学界一般认为,少林武术是在长期不断汲取民间武术精华的基础上逐渐产生、发展起来的,在这一过程中个别武僧做出了突出的贡献。

## 二、对少林武术形成发展与传播过程的研究

少林武术的形成、发展与传播是一个动态过程,学术界已经注意到这一点,并从发展史和武术史的角度进行了探讨。少林武术发展与传播的历史进程也是学界研究的热点之一。如前所言,早在1917年毛泽东就撰文《体育之研究》,述及少林武术向"东瀛"(日本)传播,对日本柔道的形成产生了重要影响。郭希汾的《中国体育史》、徐震的《国技论略》、唐豪的《少林武当考》及《〈少林拳术秘诀〉考证》(上海:上海国术协进会,1941年版)也论及这一问题。目前,这方面的研究成果极为丰硕。其中,赵红波、秦瑞瑞的《"少林武术名天下"的原因探析》(《搏击·武术科学》2005年第10期)认为,少林武术名扬天下并非偶然,其精湛的技艺、独特的少林精神、禅拳一体的习武之风,是少林武术名扬天下的内因;唐王的封赏,皇室的庇护,少林医学、达摩的影响,是少林武术名天下的外因。韩雪、金龙的《少林武术的文化成因》(《搏击·武术科学》

2006年第6期)一文从区域文化的视角就少林武术形成的文化成因进行了分析和探讨,认为当地的习武风俗与少林寺僧带艺入寺,为少林武术的形成奠定了坚实的基础。少林武术是中华武术文化的重要组成部分,是在少林寺这种特定的宗教文化环境影响下产生和发展起来的,具有独特的社会功能和文化价值。

少林武术的发展历程研究方面,张家泰的《少林寺》(《中原文物》1981年特刊)、赵宝俊的《少林寺》(上海:上海人民出版社,1982年版)、温玉成的《少林访古》(天津:百花文艺出版社,1999年版)等认为,少林武术在唐宋时期繁盛、明清时期发展、民国时期衰落。周伟良的《明清少林武术活动的历史流变》(《体育文化导刊》2004年第1期)、牛建强和赵长贵的《明清时期河南少林武术生存空间之演变》(《中州学刊》2007年第4期)、赵长贵的《明清时期少林寺和少林武术研究》(河南大学2008年硕士学位论文)与《传统社会少林寺与官府的关系探究》(《洛阳师范学院学报》2013年第4期)、栗胜夫的《少林拳概述(一)》(《少林与太极》2019年第3期)等则认为,明代是少林武术发展的黄金时期,而进入清代,朝廷与嵩山少林寺的关系较紧张,清政府严重挤压了少林武术生存的政治空间,使它被迫向民间发展;晚清,在近代化等因素冲击下,其生存空间更加狭小,日趋衰落。邱瑞瑯在《少林武术发展的分期研究》(《体育文化导刊》2006年第9期)一文中,对文献资料进行了梳理、分析,由此对少林武术整个发展历程进行了分期,并概括了少林武术各个时期的宏观特征及其总体特点。文中指出，少林武术的发展历程可以分为5个时期：一是发轫期，从嵩山少林寺建立至少林寺僧隋末之拒贼和唐初助李世民平定王世充；二是显武期，从少林寺僧隋末之拒贼及唐初助李世民至元末明初；三是茁壮期，从元末明初至明朝灭亡；四是附会期，从清代、民国至1949年中华人民共和国成立；五是重生期，即1949年中华人民共和国成立以后。该文还概括了少林武术的脉络传承，并且归纳为"讲究实战、禅宗文化、禅武合一、武医结合、注重功法"5个特点。胡玉玺、安汝杰的《试论清代少林武术发展的社会环境》(《体育文化导刊》2014年第6期)一文，从政治境遇、经济基础和文化环境等方面，阐述了清代少林武术喜忧参半的生存环境。苏晓燕的《传统重构：中国少林景区的现代性、旅游与少林武术》(《国际体育史杂志》2016年第9期)一文，在介绍了1949年前少林武术为政府提供军事服务的情况后，分析了1949—1978年少林武术被限制和禁止的原因，考察了1978年以来联合国教科文组织国际遗产公约和中国遗产政策对少林寺的武术重建和旅游发展的影响。于璨的《少林武术的历史发展进程研究》(《武术研究》2018年第6期)一文指出，为了能在战乱年代生存下来，更为了保卫寺院的安全，以僧稠为首的少林寺僧众遂有习武之举，这便是少林武术最初的雏形；之后，该文从隋唐时期、宋金元时期、明代、清代4个时期，对少林武术的历史演变进程进行考察，梳理了少林武术发展的基本脉络。王雅芬的《明清时期少林武术活动的历史流变》(《教育教学论坛》2019年第43期)一文,在考察了明清时期少林武术的传播情况后,认为在明代,少林武术具有一定的政治性,嵩山少林寺僧人听从统治者的安排和差遣,进行一些御敌于国门之外、安定天下于江山社稷之中的军事斗争,同时,由于受统治者的肯定和激励,这次活动反过来促进了少林武术的发展和传播;而在清代,由于少林武术与统治者意志之间出现裂痕,因此受到清朝统治者的严密监视,这在一定程度上限制了少林武术的活动及其发展,但也正是这一原因,少林武术被迫向民间发展,打开了民众学习少林武术的大门,并且获得较大范围的认可,少林武术的知名度不断提高。温玉成的《少林武术发展史略》(《少林与太极》2020年第8期)一文,叙述了从南北朝至清代少林武术的发展历程。王慧、刘传勤的《少林武术发展历程研究》(《武术研究》2021年第5期)一文认为,少林武术的起源主要有"隋唐起源说"和"南北朝起源说",而少林武术起源于河南省安阳市邺下寺院之说最为可靠;明清时期是少林武术发展的关键时期和大繁荣时期,也是少林武术能够得以流传发展的重要时期,该时期少林武术器械和拳法发展均趋于成熟;民国时期,印刷和出版事业发展促进了少林武术专著的出版,大量少林武术书籍提高了人们对少林武术的认识,促进了其发展;1928年中央国术馆体育传习所成立,下设少林门和武当门,促进了少林武术的传播与发展。2000年,少林武术被正式列入全国体育比赛项目;2006年少林功夫被列入国家级非物质文化遗产名录。当前,少林武术顺应市场经济潮流,积极举办少林武术赛事,逐渐走向社会化、群众化和国际化。

## 三、对少林武术内容和特点的研究

20世纪初,尊我斋主人著《少林拳术秘诀》(上海:中华书局,1915年版)一书,全书内容分为"气功阐微""五要说""技击入手法""通行裁手法""解裁手法之真诀""身法示要"等几个部分,共计13章,拉开了学界探讨少林武术内容和特点的序幕。1941年,唐豪著的《〈少林拳术秘诀〉考证》(上海:上海国术协进会,1941年版),对武术的别称"柔术"的来历进行了考证,认为"中国名技击为柔术,始于宗法,宗法的采用此名,出于东瀛"。唐豪质疑《少林拳术秘诀》中一些诸如"禅观练胆法"等长期以来在社会上颇为流行的说法,注意到日本昭和九年(1934年)横尾贤宗著《禅与武士道》上篇第八章,极力以生死透脱来鼓动其国民作盲目的牺牲;昭和十三年(1938年)梅田薰著《精神强化疗法》第六篇,以"禅为超脱生死,消灭一切恐怖心的方法",以及"坐禅养成武士的胆量,有巨大助力"等理论,强化日本国民的精神。唐豪认为,"真正由少林传出的棍法共有两种……一种是明朝正嘉年间,喇嘛僧传与少林,经洪转改编,而托始于元末紧那罗的。……一种是嘉靖末俞大猷传与少林僧宗擎,宗擎转授寺众的"。他还对《少林拳术秘诀》一书中所言的"五拳""猴拳""擒拿法""点穴法"等少林拳术进行了去伪存真的考证。

在唐豪出版《〈少林拳术秘诀〉考证》之后，研究少林武术内容和特点者日益增多。这些研究主要有，韩雪、郭志禹的《少林武术的文化特色》(《广州体育学院学报》2006年第4期)一文，从文化视角就少林武术的文化特征进行了分析和探讨，认为其禅通武达，禅武合一；武为禅体，医为武翼；博采百家，作风开放；安邦靖世，保家卫国；这些是少林武术最为鲜明的文化特征。徐伟军的《武术的嬗变与发展》(《北京体育大学学报》2006年第5期)一文认为，少林武术是以徒手和器械攻防动作为基本内容，以拳种方式传习，注重内外兼修的中国传统技击类体育项目。栗胜夫先生在《少林棍论略》(《少林与太极》2019年第2期)一文中认为，少林棍术就其内容而言，包括小夜叉棍一、二、三路，大夜叉棍，阴手棍，破排一、二、三、四、五、六路，六合阴手棍，等等。这些棍术套路有谱有诀，有名有势，是嵩山少林寺珍贵的文化遗产。栗氏认为少林棍法有其独到的风格特点，主要方法有拦、拿、提、捉、劈、穿、闪、赚等，在灵活运用这些方法时，要刚柔相济，电掣疾速，变幻无穷。最后，栗胜夫先生认为少林棍动作简洁，朴实无华，套路短小精悍，攻防技术突出明显。2019年，栗胜夫先生在系列文章《少林拳术概述（1）》(《少林与太极》2019年第3期)、《少林拳术概述（2）》(《少林与太极》2019年第4期)、《少林拳术概述（3）》

(《少林与太极》2019年第5期)中,梳理了少林拳的历史沿革,然后论述了其"内静外猛,束身秀敏""三节明理,四梢齐备""身活步灵,六合相融""曲直相兼,滚出滚入"的攻防技法,以及其"动作朴实,拳打一线""以气催力,以声助势""动迅静定,以目注目""内容表述,寓意深长""禅武一体,相得益彰"等基本特点。

## 四、少林武术活动及其社会功用的研究

在此领域,学人多考察明清时期少林武术安民卫商、护寺治生诸活动,认为其对社会经济发展和社会秩序稳定起了一定的作用,但对民国时期其护寺安民、抗日报国、守家护院、娱众养生等活动的探究非常少。王振忠的《少林武术与徽商及明清以还的徽州社会》(《徽学》2004年第3卷)一文,考察了少林武术大师程宗猷在少林寺习武的经过,认为明代少林武术对保证徽商经商安全具有积极作用。周伟良的《明清时期少林武术活动的历史流变》(《体育文化导刊》2004年第1期)、牛建强和赵长贵的《明清时期河南少林武术生存空间之演变》(《中州学刊》2007年第4期)、王雅芬的《明清时期少林武术活动的历史流变》(《教育教学论坛》2019年10月第43期)、温玉成的《少林武术发展史略》(《少林与太极》2020年第8期)等文,则考察了明清时期少林武术的战场杀敌、安

民卫商、护寺治生诸活动，认为其对社会经济发展和社会秩序稳定皆起了一定的积极作用。

赵金娜的《少林武术与养生之我见》(《搏击》2011年第4期)一文，从传统文化的视角，以少林养生功法作为主要研究对象，结合传统武术理论和功法原理，探讨并阐述了少林武术与禅武医养生之道的关系与发展，认为应进一步完善少林武术文化体系，促进少林禅武医养生文化的国际化，带动少林武术与养生产业的发展，为人类的健康长寿做出贡献。释延琳的《少林禅医概述》(《法音》2014年第11期)、李盛华的《少林武术传统价值探微》(《少林与太极》2019第7期)两篇论文，从文化价值、道德价值、医学价值等方面，考察了少林武术的传统价值。苏晓燕的《传统重构：中国少林景区的现代性、旅游与少林武术》(《国际体育史杂志》2016年第9期)一文，考察了中华人民共和国成立以前少林武术被用于为皇权提供军事服务及改革开放后少林武术对于发展旅游经济的促进作用。该文着重强调，当代的少林武术实际上是遗产授权过程与旅游开发互动的产物。郜明超的《禅宗祖庭的家国情怀——20世纪上半叶少林武僧们的革命斗争事略》(《少林与太极》2021年第7期)一文，考察了民国时期少林武术在护寺安民、抗日报国、守家护院、参加革命过程中发挥的作用。

## 五、对少林武术文献的研究

少林武术文献是少林武术文化的重要载体。近年来，这方面的研究异军突起。王振忠的《少林武术与徽商及明清以还的徽州社会》(《徽学》2004年第3卷)一文，在考证了明代少林武术大师程宗猷在少林寺习武的经过之后，从商业史的角度对其所著《少林棍法阐宗》作了新的阐释，认为《少林棍法阐宗》等拳术械技著作的出现，与明代中叶以后动荡的社会背景存在一定联系。在少林武术文献研究方面，周伟良着墨尤多，他在《三种稀见清代少林武术文献的介绍与评述》(《少林与太极》2014年第10期)一文中介绍了《少林寺拳棍刀枪谱》《少林拳棍刀枪谱》及《少林拳棒枪刀谱》三种清代少林武术文献，认为这些文献反映了该时期少林武术拳械谱系的形成，它们融摄诸家，承前启后，保存了有关前代少林武术的珍贵史料，同时，也反映了清代民间武术与军事武艺的进一步分离。魏真、周伟良的《明清少林武术若干文献的考证及其价值》(《中州学刊》2017年第11期)一文，在对现存较为珍贵的几种清代少林武术文献如《拳经拳法备要》《罗汉行功短打》《张孔昭拳谱》《玄机秘授穴道拳诀》《少林拳术秘录》《少林寺拳经》等进行考察后，认为这些少林武术文献按文本形式可以分为印本、抄本，按文本的内容大致可以分为"拳棍刀枪谱""拳谱"与"功法图籍"三类。这批文献典籍的主要学术价值体现在三个方面：一是全面反映了明清时期"少林武术"的基本含义；二是反映了此期少林武术技艺的历史脉络；三是为少林武术的"非遗"保护提供了启示。杨强、田文林的《明清少林武术文献演化考——以文献图象学为路径》(《武术研究》2019年第11期)一文认为，明清时期少林武术文献是少林武术文化的重要载体，既有对此时期少林武术文献的研究，往往着眼于版本和文字的考证，忽视了书中图像的文献价值，而以文献图像学为路径来考察明清时期的兵书、大型类书、民间日用类书中武术文献的演化与少林武术文献形成的关系，对于确定此时期少林武术文献版本的源流及其文献价值，可以起到积极作用。周伟良的《〈少林寺拳棍刀枪谱〉外一种》(《中华武术》2022年第4期)一文，在介绍清代《少林寺拳棍刀枪谱》之后，比较了该书的来鹿堂刻本和国家武术研究院藏本两种版本的异同。

国外研究少林武术者，以日本、韩国、以色列、新加坡等国的学者为主，他们多关注少林武术的历史和社会功用。日本学者木宫泰彦所著的《日中文化交流史》(北京：商务印书馆，1980年版)一书，述及了历史上少林武术向日本传播的情况。以色列学者夏维明(Meir Shahar)的《明代少林武术考》(《中华武术》2003年第9期)一文认为，少林寺并不是习武的惟一寺院，历史上少林武术与军事活动关系密切，最迟到16世纪，武术训练已经成为寺院的一项重要活动。明代晚期，少林武僧们一直在练习武术，习武已经成为少林寺日常生活不可分割的一部分。少林寺的习武活动引起了明朝统治者的注意，原因之一是职业军队明军的腐败衰落，而少林武僧在16世纪的抗倭斗争中立下了汗马功劳，一些军事家建议明王朝用僧兵来补充常备军。与此相反，一些官员却担心少林武僧利用其武功来反抗政府。在书中作者认为，唐代的相关碑刻资料并没有告诉我们那些参战的少林僧人们是否掌握某种武术技巧，而明晚期有关少林寺的资料却提供了关于少林武僧们习练武术的准确信息，明确指出少林武僧擅长的兵器是棍，也正是少林棍使少林寺名声大振。夏维明的专著《少林寺：历史、宗教与武术》（北京：宗教文化出版社，2016年版），大体按照历史发展的脉络叙述少林武术的三个发展阶段，即唐代少林寺的军事传统化、宋明时期少林武术系统化、明代后期及清代少林拳术的发展，认为少林武术是一个多层面的身体和精神自我培养的系统，具有多种多样的功能，正是这种多样性使少林武术在剧烈变化的社会和政治环境中保持生命力。韩国学者金容洙（Kim Yong-soo）撰 *Truth and falsehood of Shaolin Martial Arts in China*（《中国少林武术的实与虚》, Philosophy of Movement: Journal of the Korean Society for Philosophy of Sport, Dance & Martial Arts, 2010, Vol.18 No.4），与朴基瞳（Park Kidong）、金容洙合撰 *In search of the tradition and truth of Chinese Shaolin Martial Arts*（《中国少林武术的传统与现实考察》, Philosophy of Movement: Journal of the Korean Society for Philosophy of Sport, Dance & Martial

Arts，2012，Vol.20 No.2）两篇文章，认为历史上少林武术流派众多，真假难辨，有些并非由少林寺僧人传承，并述及少林武术在民间的传播。另一位韩国学者吕泗洪（Lv Sihong）撰文 *A Comparative Study on the Inheritance of Shaolin Martial Arts and Ko-rea Vajrayana Buddhist Martial Arts*（《少林武术与高丽金刚乘佛教武术传承的比较研究》，6th International Conference on Information，Communication and Education Application [ICEA 2016] Sydney，Australia 2016），论述了历史上中国少林武术对朝鲜金刚乘佛教武术的影响。新加坡学者英华基（Ying Hwa Kee）撰 *Looking East for Mindfulness: A Glimpse of Practices and Research on Shaolin Martial Arts and Related Practices to Advance Sport Psychology*（《东寻正念：少林武术的实践和研究及促进运动心理学的相关实践一瞥》，Psych Volume 1，Issue 1. 2019-04-08. PP76-91），认为一些和少林武术有关的身心实践活动可能与体育心理学有联系，少林武术的"正念"表演是与悟性相关的心理转变不可或缺的一部分。在简要回顾了丹田呼吸法、少林内功如八段锦、易筋经等的研究之后，此文探讨了这些身心练习的潜在心理效益，认为运动心理学的进步受益于对少林武术实践的进一步研究。

综上所述，我们不难发现，有关少林武术的研究有如下几个特点：第一，当代学者的研究视野广阔，视角不拘一格，关注点多种多样，出现了百花齐放、百家争鸣的可喜局面。第二，不同于前辈学者的研究大多着力于学术拓荒、面临的问题较多、发现的问题疑点较大、得出的不少结论留有很大的商榷空间,当代学者已经解决了很多问题,取得了很多收获,他们运用多种研究方法,消除各种偏见,看待问题更为客观,结论日渐接近历史的真相。第三,少林武术研究不再是体育史的孤军奋战,不少历史学家、社会学家、经济学家和宗教学家等,消除了视"少林武术研究"为旁门左道、奇技淫巧、登不上大雅之堂的学术偏见,纷纷加入研究少林武术的队伍,少林武术研究吸纳了历史学、社会学、宗教学、经济学等学科的研究方法,跨学科研究的特点日益明显。

虽然学界对少林武术的研究成果比较丰硕,然而我们也应该看到,其中有相当一部分论著是通俗的文学作品,抒情咏怀的部分占了相当大的篇幅,一些看法难免失于偏颇,因而学术价值并不是很高。可以说,学界关于历史上少林武术生存空间演变及其时段的研究,仍留有很大的探究余地。故而,本书在既有研究基础上,着力于少林武术的文化内涵与历史演进过程等问题的探究,以期揭示其兴衰与特定时期的政治、经济和社会之关系,裨益于武术史与社会史的研究,就教于方家。

## 第四节 研究意义

第一,学术意义。本书认为,南北朝时期,在长期汲取民间武术精华的基础上,少林武术逐渐形成。在此过程中,一些僧人做出了突出的贡献。隋唐宋金时期，虽然少林武术不断发展，但远未发展到顶峰。元代，少林武术继续发展。明代，少林武术臻于鼎盛。清代至民国，虽然少林武术逐渐趋于衰落，但是加速了在民间的传播。中华人民共和国成立后，少林武术获得了新生。改革开放以来，少林武术更是发展迅速，在国内外广泛传播。总之，本书比较清晰地为读者勾勒出了少林武术的发展轨迹，得出了一些新认识。

第二，历史研究意义。少林武术的形成和兴衰，与各个历史时期的政治、经济、军事形势和社会环境息息相关。可以说，少林武术发展与传播是北魏中期以来我国历史演进的一个缩影，是我们考察社会变迁的一个独特视角。因此，本书探究少林武术发展历程和历史文化底蕴，有助于我们加深对中国这段历史的了解。

第三，现实意义。众所周知，少林武术既是中国传统文化和体育事业的重要组成部分，又是进行国际文化交流的一个重要媒介和国外了解中国文化的重要窗口之一。本书通过深入挖掘少林武术的深厚文化内涵和历史底蕴，帮助人们加深对少林武术文化的了解，提升其在国内外的知名度，从而增进人们对中国传统文化的认知，助力我国文化软实力的提升和体育事业尤其是武术事业的发展。

## 第五节　主要研究方法

历史文献研究法。历史文献研究法包括文献辑录法和文献整理法，即先从众多历史文献中辑录相关文献，然后将其整理归类，按年代或内容编目分类，为后续研究打基础。

田野调查法和访谈法。笔者通过赴嵩山少林寺进行实地考察，辑录了寺内大量碑刻和史籍；与一些少林武僧和民间少林武术家进行深度访谈，以获得更多口述资料，弥补文献和碑刻资料的不足。

整体与个案结合研究法。本书将少林武术生存空间演变与社会变迁作为一个整体研究；同时，又对少林拳术、少林棍术等方面进行深入研究。

对比研究法。为厘清少林武术生存空间的演变脉络和揭示少林武术的发展趋势，本书将各个时期少林武术的发展状况进行纵向对比。

# 第一章　南北朝时期少林武术的形成

少林武术的形成，必然涉及嵩山少林寺的建立、"少林"的含义、达摩面壁传说与他创立少林武术的真伪问题。因此，欲考察少林武术的起源，必须首先对这些问题进行深入探讨。

## 第一节　北魏时嵩山少林寺的创建与"少林"之含义

太和二十年（496年），北魏孝文帝元宏（拓跋宏）为妥善安置天竺僧人跋陀，在嵩山为他创建少林寺。❶ 而欲探究孝文帝为何有如此举措，我们有必要先了解一下僧人跋陀其人。

跋陀，又被人们称为"佛陀"，他原本是天竺国一位普通的僧人。在天竺时，他结交了6名僧人作朋友，其他5名僧人已经"证果"，道业有成，唯有跋陀一无所获。于是有人指点他说："修道藉机，非可斯须，徒为虚死，可于震旦别立缘也。""震旦"即当时人

---

❶ 魏收：《魏书》卷一一四《释老志》，北京：中华书局，1974年点校本，第3040页。

们对中国的称呼。跋陀闻听此言,如醍醐灌顶,深以为然,立即接受建议,"勤苦励节,游历诸国",最后来到北魏境内。孝文帝见到他之后,"敬隆诚至,给以资供"。后来,跋陀随孝文帝南迁到洛阳。定都于洛阳以后,孝文帝"勒就少室山为之造寺,今少林寺也"。❶

关于在嵩山建造少林寺的直接原因,史籍多有记载,兹择其要者罗列于下。

《魏书》卷一百一十四《释老志》记载说:

> (太和——引者)二十年,(沙门道登——引者)卒。……又有西域沙门名跋陀,有道业,深为高祖所敬信。诏于少室山阴立少林寺而居之,公给衣供(缺"食"——引者)。❷

《太平寰宇记》卷五《河南道五·缑氏》则云:

> 少林寺,后魏孝文太和十九年立。西域沙门号跋陀,有道业,深为高祖所敬信。制于少室山阴立少林寺以居之,公给衣供食。❸

乾隆《河南府志》卷七十六《古迹志·寺观二》也记载道:

---

❶ 叶封,施奕簪:《少林寺志》(不分卷)之《艺林·高僧·跋陀》,清乾隆十三年刻本。
❷ 魏收:《魏书》卷一一四《释老志》,北京:中华书局,1974年点校本,第3040页。
❸ 乐史:《太平寰宇记》卷五《河南道五·缑氏》,嘉庆六年刻本。按:赵宝俊所著《少林寺》一书认为"《太平寰宇记》卷四载少林寺建于太和十九年",所言卷数不知依据何种版本,或有讹误,今姑且存疑。参见赵宝俊:《少林寺》,上海:上海人民出版社,1982年版,第2页。

> 后魏少林寺者，后魏孝文所立也。沙门跋陀自西域来，太和中，诏有司于此寺处之，净供法水，取给公府。乃于寺西台造舍利塔，塔后造翻经堂。❶

由上可见，对于在嵩山营建少林寺的直接原因，史书记载并无多大分歧，认为它是北魏孝文帝拓跋宏为安置天竺沙门跋陀而建造，且给予其"公给衣供（食）""取给公府"的极高社会地位，俨然是一座皇家寺院。通过深入剖析以上的史料不难发现，这些史书的记载，以《魏书》的记载最早，也更具有权威性，其他史籍并没有对《魏书》中关于在嵩山创建少林寺的记载提出什么异议，只不过增减文字，转载其说而已。

北魏孝文帝元宏在嵩山的支脉少室山下建造了少林寺后，跋陀"卓锡"于此，"四方来学者，闻风响会，众恒数百，一一笃课无倦"❷。后来，他连续招收两位得意弟子慧光和僧稠，使"释道大振"。跋陀年老后移往少林寺院外面居住，"感一善神常随拥护。将终，手画神像于门"❸，可惜后来这幅神像丢失了。对于此事，释道宣的《续高僧传》记载最详，书中说，跋陀"又令弟子道房度沙门僧稠，教其定业。自化行东夏，惟此两贤得道，记之，谅有深疑。年渐迟暮，不预僧伦，委诸学徒，自相成业，`躬移寺

---

❶ 乾隆《河南府志》卷七六《古迹志·寺观二》，清乾隆四十四年刻本。
❷ 叶封，施奕簪:《少林寺志》（不分卷）之《艺林·高僧·跋陀》，清乾隆十三年刻本。
❸ 同❷。

外，别处零房。感一善神常随影护，亦令设食而祠飨之。后报欲终，在房门之壁手画神像，于今尚存"❶。释道宣的《续高僧传》编成于唐太宗贞观十九年（645年），这说明此时这幅神像还存在于嵩山少林寺外的房屋墙壁上。只不过释道宣说这幅神像被跋陀绘在房门所在的墙壁上，而清人叶封在转载其说时却误记为绘在房门上。

对于"少林"的含义，因早期文献《魏书》等史籍中并没有明确记载，于是后人对此有多种解释，其中较为流行的说法认为"少"即"寡"，"少林"意即天下无双的丛林。❷而众所周知，除河南嵩山少林寺之外，历史上在河北省蓟县盘山，福建省莆田、泉州和福清，山西省太原，陕西省西安等地，也有以"少林"命名的寺院存在。显然，"丛林无双"之说难以服众。

古代，河南嵩山一带丛林茂密，植被良好。少林寺坐落于嵩山支脉少室山之阴的山水间，前有潺潺的少阳河，后有连绵的五乳峰，地幽僻而景优美，在南北朝社会动荡不安的时代，当地不啻是一处难得的世外桃源。故而，"性爱幽栖，林谷是托"的跋陀才"屡往嵩岳，高谢人世"。❸修习佛法要尽量避开外界喧嚣的干扰，以聚精会神地"入定"修行，这或许是跋陀屡往嵩山的真正原因。综上所

---

❶ 释道宣：《续高僧传》卷一六《习禅初·佛陀禅师》，江北刻经处，清光绪十八年刻本。
❷ 根据笔者的实地调查，少林寺的僧人中有持此说者，"丛林"即寺院。
❸ 同❶。

述,"少林"似乎意指少室山之丛林。诚如清代学者景日昣所言,"少林者,少室之林也"❶。

## 第二节 达摩面壁的传说

在跋陀圆寂30多年后,南天竺僧人菩提达摩(达磨)来到少林寺,他传授禅宗于慧可。据说达摩在此一坐就是9年。少林寺内现在还有一块达摩面壁石,此石高2尺许,宽约1尺,上下呈椭圆形,相传达摩面壁的影子印在石上,痕迹宛然。可以说,与其将此石视为历史的见证,毋宁说它是人们丰富想象力的"化石"。传说中国佛教禅宗初祖达摩本来无心于拳术,只是因为长期盘膝静坐,肢体麻木,精神困顿,不得不经常起身活动四肢,舒展筋骨。于是他将鸟兽虫鱼飞腾、跳跃、游弋、滑翔等多种姿式糅合进来,逐渐形成少林拳的雏形以健身养性。之后,经过历代僧人不断仿效、补充,又吸收民间武术的精华,便形成了内容丰富、技艺精湛的少林拳术。此后,少林僧人为了保卫寺院,又发展了棍术。少林武术由此成为中国武术的一大源流。

达摩面壁洞是一个天然石洞,在嵩山五乳峰的中峰上部,距峰顶不远。此洞穴高约3米,深约5米,洞门正好向阳,冬暖夏凉,空气清爽。诚如清人叶封所言,面壁洞在五乳峰上,"去绝顶仅数武,

❶ 景日昣:《说嵩》卷二一《释氏·少林寺》,清康熙六十年刻本。

石洞幽邃，深丈有半，石痕如水面波纹，连蜷层叠，入洞寒冽，粟（当为"栗"——引者）起不可禁，为达磨九年面壁处。……入洞之道盘曲周折，险处尽夷。寺僧曰火龙治之，烈石成土，道屈如龙"❶。在石洞的前面有一小块翠绿的草坪，周围浓荫蔽日，不见天空，真是"此地无盛夏，空山听鸟鸣"，环境极为清幽。相传达摩来到这里，把这个离绝顶不远的天然石洞作为自己修性坐禅的地方，在石洞中聚精会神地面壁。所谓"面壁"，就是说他在这个石洞里不说法，不持律，终日默然面对石壁，端端正正地坐在那里，两腿曲盘，两手作弥陀印，双目下视，五心朝天"入定"，在"明心见性"上面苦下功夫，在思想深处"苦心练魔"。"开定"后，他就站起身来，活动四肢，锻炼一下身体，待倦怠恢复后，又坐禅"入定"如初。那时达摩的生活内容非常简单："入定"后坐禅，困倦后"开定"打拳，饥饿则吃饭。就这样，达摩不断地"入定""开定"，日复一日，年复一年，心无旁骛地在石洞里面壁，修行坐禅整整 9 年（民间另有达摩 10 年面壁的说法），所谓达摩"寓止于嵩山少林寺，九年面壁而坐，终日默然，人莫之测，谓之壁观"❷。当达摩离开石洞的时候，坐禅对面的那块石头上，竟然留下了他栩栩如生的面壁姿态，衣褶皱纹，隐约可见，宛如一幅淡色的水墨画像。诚如清人叶封所言：

---

❶ 叶封，施奕簪：《少林寺志》（不分卷）之《形胜·面壁洞》，清乾隆十三年刻本。

❷ 叶封，施奕簪：《少林寺志》（不分卷）之《艺林·高僧·达磨》，清乾隆十三年刻本。

影石，相传达摩面壁九年，影透石内。今观其石，围长三尺许，光滑如卵，白质黑文，隐隐一僧背坐石上，露其侧颌，纹如淡墨画，衣褶彷佛毕具，诚可异也。❶

人们将这块石头称为"达摩面壁影石"，将这个天然石洞称为"达摩面壁洞"。时至今日，此遗址犹存。

达摩面壁成为佛教史上一段脍炙人口的佳话，民间也对此事深信不疑，并且附会出许多说法。少林寺僧们则将达摩面壁影石凿下来，作为圣物放入寺内，供人们瞻礼供养。达摩面壁9年的事迹，体现了他锲而不舍的精神，为后人所敬佩，大加颂扬。明宪宗成化二年（1466年），有人在初祖庵大殿立梵文《佛顶尊胜陀罗尼咒碑》，碑阴阳刻栩栩如生的达摩面壁像：达摩静静地坐在山崖下，背后有顶光，他的周围是松柏花木，浮云和飞瀑。❷明神宗万历三十二年（1604年），在达摩洞前，乾清宫太监胡滨（胡斌）慷慨地出资"布地开山"，建造三楹凉殿和一座双柱单孔的石碑坊，前额刻"默玄处"三字，后额刻"东来肇迹"四字，并且"金碧其两祖之像而恢扩之"❸。许多人更是以达摩面壁为题材，讴歌其锲而不舍的求真精神。明人王士松即作诗《面壁石》道：

---

❶ 叶封，施奕簪：《少林寺志》（不分卷）之《古迹·影石》，清乾隆十三年刻本。
❷ 《佛顶尊胜陀罗尼咒碑》，释永信：《中国少林寺·碑刻卷》，北京：中华书局，2003年版，第126–127页。
❸ 《初祖庵创建凉殿坊牌碑》和《默玄处碑》，释永信：《中国少林寺·碑刻卷》，北京：中华书局，2003年版，第206页、第208页。

折荒浮渡江，

震旦揭真谛。

心非转法轮，

义不立文字。

九年面壁人，

寂寂缘底事。

石中一片影，

参取西来意。❶

清人顾嗣立亦作诗《面壁石》，赞扬达摩面壁一事，其诗云：

一石独亭亭，

中藏初祖形。

千年神气在，

何用著丹青。❷

道光二十八年（1848年）秋天，萧元吉在少林寺看罢达摩面壁影石以后，感触颇深，遂挥毫写下一首《面壁石赞》：

少林一块石，都道是个人。

分明是个人，分明是个石。

石何石？面壁石。

人何人？面壁佛。

---

❶ 叶封，施奕簪：《少林寺志》（不分卷）之《诗·五言古·面壁石》，清乾隆十三年刻本。

❷ 同❶。

王孙面壁九年经，九年面壁祖佛成。

祖佛成，空全身。

全身精入石，灵石肖全形。

少林万古统宗门。❶

关于达摩面壁九年的故事，有人早在唐代达摩死因❷大白之后就对其提出了质疑，但苦无实证。

明世宗嘉靖七年（1528年）提学副使魏校督学河南期间，亲自至嵩山少林寺实地考察后，写下《辨达磨面壁影移文》，其中说：

> 为辨息怪肇始事。按少林相传，胡僧达磨面壁九年，影透入石，世以为神，书册记之。本职亲至其处，见洞石与影石形类不同，已了其妄。因命登封知县候泰召石工微凿其痕验之，则其怪诞不待辨说而自破。仰河南府抄案，转行儒学存照，候修志书之日，特与（当为"予"——引者）改正，以破千古之惑。

---

❶ 道光二十八年僧会司德武立《萧元吉面壁石赞碑》，释永信：《中国少林寺·碑刻卷》，北京：中华书局，2003年版，第206页、第297页。

❷ 刘昫等：《旧唐书》卷一九一《方伎传》，北京：中华书局，1975年点校本，第5109页。书中记载："昔后魏末，有僧达摩者，本天竺王子，以护国出家，入南海，得禅宗妙法。……云自释迦相传，有衣钵为记，世相付授。达摩赍衣钵，航海而来。至梁诣武帝，帝问以有为之事，达摩不说（同"悦"——引者）。乃之魏，隐于嵩山少林寺，遇毒而卒。"而《宝林传》则进一步解释道："时魏氏奉释，禅隽如林，光统律师流支三藏者，乃僧中之鸾凤也。睹师演道，斥相指心，每与师议，是非蜂起。师遐振玄风，普施法雨；而偏局之量，自不堪任。竞起害习，数加剧毒；至第六度，以化缘已毕，传法得人，遂不复救之，端居而逝。"可见达摩是被毒死的，而不是他荒诞不经地携只履西归了。

免使流传四方，愚者起信，智者生疑，斯实辟邪崇正一大助也。案至，具奉过日期缴报。❶

魏校的考证使达摩影石的真相大白于天下，破除了人们对它的迷信，亦使笼罩在达摩身上的神秘感淡化。当时任登封知县的傅梅则直接指出说：

其石圆长二尺许，光滑如卵，白质黑纹，仿佛似人坐衣折耳。今洞中自有此等纹石似山峰鸟兽者，因山水冲激岁久，光滑与山中之石全不相类，知其伪也。❷

明神宗万历三十六年（1608年），河南巡按御史金忠士游嵩山少林寺，也对达摩影石表示质疑：

然（达摩面壁——引者）石体绝不类山上者，殊可疑也。❸

而万历三十七年（1609年），吏部考功员外郎、文学家袁宏道游览嵩山少林寺，当他观看"达摩影石"之后，在《达磨影石》一诗中直接写道：

禅月罗汉天下绝，螺烟渗石光不灭。

面纹漆黑眼生棱，衲衣袖展秋云洁。

幅巾谈道老先生，以刀割影影愈彻。

---

❶ 李诩：《戒庵老人漫笔》卷二《辨达磨面壁影石》，北京：中华书局，1982年点校本，第72页。

❷ 傅梅：《嵩书》卷二《峙胜篇·达磨洞》，明万历四十年刻本。

❸ 金忠士：《游嵩山少林记》，叶封、施奕簪：《少林寺志》（不分卷）之《艺林·碑记》，清乾隆十三年刻本。

> 如虫蚀木偶成文，镜花岂必生枝节。
>
> 中山废圃石如铁，白浪缠身卷飞雪。
>
> 移向山中作一盆，飘然乘风苇可折。❶

此诗中"螺烟渗石"4个字，明确指明达摩影像是用墨汁渗入石中而成的，或"如虫蚀木偶成文"那样是石上图景偶似达摩之形而已，不足为怪。"以刀割影影愈彻"即指嘉靖七年（1528年）提学副使魏校辨达摩影石一事。"飘然乘风苇可折"则点明达摩一苇渡江的荒诞不经，提醒人们注意，芦苇在大风中尚能折断，达摩根本不可能在其上站立。

进入清代，人们对达摩面壁影石的辨伪继续进行。康熙四十年（1701年），时人潘耒在游少林寺时也一针见血地说：

> 余观此石是水中石子，水波荡漾，久而成人物、花鸟者甚多，此（即达摩影石——引者）偶似僧耳，何足为异？且初祖所面者，墙壁之壁，非石壁也。况此尺许石子，并非石壁耶。❷

现代的地质调查表明，位于五乳峰半山腰的达摩洞所在岩石是寒武纪石灰岩，以近于15°的倾角向北方倾斜。而所谓的达摩面壁影石却是直立的，❸显然与洞中的岩层格格不入，其妄不辨自明。

---

❶ 袁宏道：《袁中郎全集》卷三〇《七言古诗·达磨影石》，明崇祯二年刻本。
❷ 潘耒：《遂初堂集》"文集"卷一六《游中岳记》，清康熙年间刻本。
❸ 张国臣：《中国少林文化学》，郑州：河南人民出版社，1999年版，第170页。

## 第三节　少林武术的起源

佛教自东汉初期传入中国后的数百年间，面对不断变化的社会环境，为了生存与发展，对自己的主张不断进行调适。在三国两晋南北朝时，佛教势力有了很大发展，南朝修建的佛寺有近500座。北魏孝文帝元宏也崇尚佛教，太和十七年（493年）迁都洛阳之后，他大修寺庙，仅在洛阳一地即修建寺庙数百座。佛教在发展过程中与武术发生了联系，这方面的突出成果就是少林武术的产生。据徐伟军研究，少林武术是以徒手和器械攻防动作为基本内容，以拳种方式传习，注重内外兼修的中国传统技击类体育项目。❶少林武术产生后，有许多名称，诸如"武艺""手搏""角艺""少林拳法""少林棍法""少林功夫""少林武功""少林拳术"等，不一而足，1949年中华人民共和国成立后，定名为"少林武术"。关于少林拳的定义，高文山按逻辑学定义概念的方法，采用"发生定义法"，认为少林拳是起源于少林寺或经其传人整理并以少林名义传播的拳术。❷

关于少林武术的内涵，历来众说纷纭。揆之诸说，大致可以分为少林武术体育说、少林武术文化说、少林武术宗教说和少林武术综合说等几种。而随着人们对少林武术认识的不断深入，以及少林武术自身社会功能的变化及其价值的不断提高，少林武术的内涵和

---

❶ 徐伟军：《武术的嬗变与发展》，《北京体育大学学报》2006年第5期，第685页。

❷ 高文山：《少林拳定义探析》，《体育社会科学》1996年第1期，第83页。

外延也在不断变化。人们已不再简单地认为它仅是中国武术的一个流派，逐渐认识到它既是中国传统武术文化的一个载体，又是禅宗思想的一种具体表现形式。笔者认同这种看法，进而认为少林武术是民间武术和中原地域文化，与少林寺特定环境中的佛教文化长期融合逐渐形成的一个武术流派，其以少林寺武僧集体演练的武术为主要表现形式，既具有中国武术的一般特征，又体现学佛修禅方式和佛教思想，具有独立体系和多种社会功能。少林武术既是中印文化融合的产物，又是少林文化和中国传统文化的组成部分。❶

## 一、少林武术起源诸说

如前所言，人们对少林武术的研究始于20世纪初期。少林武术的起源以其巨大的魅力，吸引着一批又一批学者。长期以来，关于少林武术的起源问题是学术界争论的一个热点，许多学者以少林拳❷为切入点，见仁见智，对这一问题提出许多有价值的见解。在众多少林武术起源的说法中，比较具有代表性的主要有"达摩创拳说""稠

---

❶ 韩雪，金龙：《少林武术的文化成因》，《搏击·武术科学》2006年第6期，第1页。
❷ 关于少林武术的定义，有不同的说法。徐伟军认为少林"武术是以徒手和器械攻防动作为基本内容，以拳种方式传习，注重内外兼修的中国传统技击类体育项目"。参阅徐伟军：《武术的嬗变与发展》，《北京体育大学学报》2006年第5期，第685页。关于少林拳的定义，高文山按逻辑学定义概念的方法，采用"发生定义法"，认为少林拳是起源于少林寺或经其传人整理并以少林名义传播的拳种。参见高文山：《少林拳定义探析》，《体育社会科学》1996年第1期，第83页。

禅师创拳说""隋唐创拳说""明清创拳说"和"集体创拳说"。❶ 兹不殚其烦,分别评述如下。

(一)达摩创拳说

明清以降,达摩在嵩山少林寺传授拳术的说法在民间广为流行,一些人认为达摩开创了这座寺院的习武之风,许多练武者将他当作鼻祖顶礼膜拜,嵩山少林寺俨然成为中国武术的发祥地,以至于有"天下功夫出少林"之说。达摩创造少林拳似乎成为定论,甚至一些武术论著也把达摩奉为中国武术之祖大力宣扬,四处传播。

少林武术之所以广为人知,与达摩开创少林武术之说在国内外尤其是少林寺内流传甚广密不可分。达摩创造少林拳这种说法认为,菩提达摩在少林寺面壁九年,静心修禅,久坐疲倦,必须适时活动筋骨;再者,少林寺地处深山老林之中,交通不便,周围山林茂密,凶猛的野兽经常出没,伤人之事时有发生,需要加强防卫;加之嵩山一带冬季寒气逼人,夏季酷暑难耐,需要健身防病,于是达摩以自己的武功为基础,模仿鸟兽等的动作,创编了"罗汉十八手"以健身防身。这便是少林拳的雏形,是少林武术的滥觞。此拳法虽然在唐代失传,但是少林寺僧人却尊祖练武成风。

---

❶ 参阅蔡宝忠:《少林武术之谜的形成与破译》,《沈阳体育学院学报》2003年第3期;朱永光,林群勋,蔡宝忠:《少林武术起源五种"创拳说"评述》,《北京体育大学学报》2004年第12期等。

民国时期，尊我斋主人的《少林拳术秘诀》、郭希汾的《中国体育史》、万籁声（原名万常青）的《武术汇宗》等论著，都附会达摩与少林武术的关系。《武术汇宗》就明确说：

> 少林拳术，发源于福建少林寺，而嫡派始于嵩山少林寺，达摩大师之所遗留也！大师示化后，遗有秘经两卷，一为《洗髓经》，一为《易筋经》。《洗髓经》归于慧可，未传于世，《易筋经》留于少林，流传至今。盖《易筋经》所以强筋壮骨，锻炼后天者也，《洗髓经》即归于修先天之大道矣。❶

在这之后，达摩创立少林拳的说法流传更广。前辈学者赵宝俊先生也持此说，他在所著《少林寺》一书中这样写道：

> 少林武术起源于达磨。达磨传教采用"壁观""坐禅"的办法修道养性，主张用静坐修心，去掉一切杂念。但这种方法却给人精神上和肉体上带来了过度的萎靡和疲困。静后欲动，达磨始悟健躯壳之重要，乃教人于久坐之后，作一些肢体活动，以增强身体健康。最初还只是简单的尚无定型的肢体活动，称为《达磨动功活身法》。达磨久住嵩岳丛林，窥察山林各种鸟兽之间的争斗，习仿虎跃猴攀、鸢飞鹰翻、猫穿狗闪、鸡立兔滚、虫爬蛇缠之动作，逐渐演成一套心意拳的雏形，并将它刻成壁画，令僧徒演习，这就是少林武术的起源。后来，他又遍求中国之

---

❶ 万籁声：《武术汇宗》之上篇《外功·少林拳术小引》，上海：三昧书馆，1928年版，第1页。

武技，得到东汉末年华佗的《五禽戏》，加以演变，成为具有变化莫测之拳术。达磨在少林寺期间，除创心意拳外，相传他还著有《规心论》《内功图说》《易筋》和《洗髓》等著作。后来，人们称他为武术家之祖。

达磨圆寂后，惟《易筋》一经留在少林寺，供僧众演习以强身，余皆失传。僧徒们在长期演练中，加以综合、充实、接纳和提高，发展成为一百余种形式的套路，流传天下，称为外家拳。❶

上文中的"达磨"即达摩，赵氏将菩提达摩创心意拳的过程，增添了模仿禽兽动作，并参考华佗《五禽戏》的环节，使这一故事更为详细，更为娓娓动听，引人入胜。进而他称菩提达摩著有《规心论》《内功图说》《易筋》《洗髓》等武术著作，他不仅是少林武术的鼻祖，而且"为武术家之祖"，俨然是一位拥有崇高地位的武圣人。

时至今日，仍然有许多人相信达摩传授过武术，留有价值连城的武术秘籍，是少林武术的鼻祖。1988年出版的《新编少林寺志》即沿袭菩提达摩创编少林拳说，称"达摩来到少林寺，他主张'壁观'坐禅……创造了十八手，这便是少林拳的雏形，之后慢慢形成了少林武术的各种套路"❷。1996年，皇甫振明发表《少林寺与少林武术》一文：

从达摩开创僧人健身习武之风起，少林寺逐渐禅拳合一。

---

❶ 赵宝俊：《少林寺》，上海：上海人民出版社，1982年版，第72–73页。
❷ 登封县志办公室：《新编少林寺志》，北京：中国旅游出版社，1988年版，第52页。

对少林武僧来说，禅功是必修之功，习武也是修行的一部分。少林武术历来与气功有关，从"禅定修行"中获得佛门气功是少林功夫的基本功，尤其是一些硬气功更是与达摩提倡的禅定修行分不开。将禅修和武功基础训练结合起来练武，正是少林功夫能够在武林中独树一帜的原因。❶

（二）稠禅师创拳说

有学者认为，关于少林寺武术的起源，自明清以来出现了多种说法，其中尤以达摩创拳之说影响最广，这些说法均与史实不符。还有一种观点认为，少林武术并非起源于印度僧人达摩，而是起源于少林寺的二祖稠禅师，而稠禅师的武功既不是在少林寺练成，更非跋陀所传。通过仔细梳理史料，考证南北朝时期邺下寺院的武术活动和北朝"其拳捷骁武劲"的高僧稠禅师的出生地、幼时生活、习武经历等，可知少林武术的开创和形成、少林寺僧众好武习拳的尚武风气和传统，是在复杂的社会历史背景下和少林寺特殊的地理环境，以及护寺护法、维护自身生存需要的前提下产生的，是对中国武术的继承和发展。

坚持以上观点者以马爱民、王玉滇、蔡宝忠等人为代表。其中马爱民尤为突出，他撰写的系列论文《论我国武术史上的稠禅师与嵩山少林寺——兼析北朝时期邺下寺院的武术活动》(《北京体育大

---

❶ 皇甫振明：《少林寺与少林武术》，《中华武术》1996年第4期，第11页。

学学报》1999年第1期)、《从稠禅师及邺下定晋禅院考察看少林武术发端》(《体育学刊》2002年第5期)、《邺下高僧对少林寺和少林武术的贡献与影响》(《体育学刊》2003年第3期)、《我国历史上的寺院尚武活动新探》(《北京体育大学学报》2004年第6期)、《少林武术的缘起及著名武僧稠禅师幼年习武辨惑》(《安阳师范学院学报》2008年第5期)、《北朝稠禅师的武功和邺下寺院武僧的习武活动》(《山东体育学院学报》2009年第3期)、《邺下佛学之盛和北朝、隋唐的安阳佛寺武僧武艺》(《安阳师范学院学报》2009年第5期)等力主此说。马爱民认为少林武术的创造者既不是达摩,也不是跋陀,而是来自邺下(今河南安阳一带)寺院的著名武僧——少林寺第二任方丈稠禅师。他说:"北朝时期,邺下大寺林立,高僧云集,我国历史上有文献可考的最早有武僧习武活动的寺院是邺下寺院,少林寺建寺后最早出现有武僧是来自于中原地区北方邺下寺院拳捷骁武(后缺"劲"字——引者)的著名武僧稠禅师,并继初祖跋陀之后成为少林寺二祖,开创了少林寺僧人习武之先河。邺下寺院与少林寺之间在历史上常有高僧往来,几乎在元代之前的各个不同时期都有邺下高僧在嵩山少林寺活动。同时,少林寺高僧也不断来往于邺下,并对邺下寺院的僧人活动起到了极大的促进作用,在长期的相互交往中,历史上的邺下寺院僧人对少林寺及少林武术的发展做出了积极的贡献。"稠禅师为"邺人",他年幼剃度为僧,刚出家时,寺中"这些会武术的僧人,每休暇,常角力腾越为戏。应该说,他们是少林武术的创始人"。稠禅师文武双修,苦练数载,武功出众,据邺下后唐《重修定晋禅院千佛邑碑》载:"稠禅是敬,悟法情所,深山守道,古寺求真。"北魏宣武帝延昌元年(512年),时年33岁的稠禅师到达嵩山少林寺随跋陀习禅,跋陀称稠禅师"禅学之最,汝其人也……即住嵩岳寺"。这里的"嵩岳寺"即指少林寺。著名武僧稠禅师到少林寺时,跋陀年事已高,不久便"躬移寺外,另处零房",稠禅师继承了其衣钵,成为少林寺的第二任住持。稠禅师拳捷晓武,在他禅学武功并重的影响下,加之当时特定的政治社会和历史环境,在少林寺逐渐形成了精湛的少林武功,稠禅师是最早开创少林寺僧人习武之风气者。他晚年回到邺下,主持龙山云门寺和宝山石窟大寺,后以81岁高龄卒于云门寺。❶ 马爱民进一步指出,稠禅师是我国历史上有文献可考的少林寺建寺后出现的第一位武僧,但他少年习武并不是在少林寺内,《朝野金载》中反映的寺院武僧们的习武活动也并非指少林寺。稠禅师到少林寺之时,就已经是一个"拳捷骁武"的武僧了。邺下武僧稠禅师的出现,标志着少林寺尚武活动的诞生。这一观点被新版《中国武术史》采纳,编入其中。马爱民据此又提出少林武术起源地在邺下即河南安阳的观点,这一看法迥异于多数观点,可谓标新立异。他还断定僧稠到达嵩山少林寺时有33岁,年轻力壮,入寺以前已经兼禅武于一身,并列出4条理由:

---

❶ 马爱民:《邺下高僧对少林寺和少林武术的贡献与影响》,《体育学刊》,2003年第3期,第52-55页。

其一，稠禅师于北魏孝文帝太和十七年（493年）在邺下寺院为沙弥。按照稠禅师生于479年、卒于560年的年份来推算，他在14岁左右时，也就是北魏孝文帝太和十七年（493年），即成为邺下寺院的一个小沙弥。其二，北魏宣武帝永平元年（508年），稠禅师投巨鹿景明寺而出家。其三，嵩山少林寺最早的武僧幼年习武出自邺下定晋禅院。其四，北魏宣武帝延昌年间到孝明帝时期，稠禅师成为嵩山少林寺的二祖。❶

王玉湞在《破译少林武术起源之谜》一文中认为，嵩山少林寺是太和年间北魏孝文帝为安置传播小乘佛教的高僧跋陀而建，创建这座寺院的直接目的是传播佛教而非传播武术，在《高僧传》《魏书·释老志》等有关少林寺早期情况的相关史籍中，根本没有跋陀在少林寺习武的记载，在稠禅师到达少林寺之前的很长时间内，也没有关于少林寺僧人习武活动的记载。嵩山少林寺"自印度佛学高僧跋陀之后，第二代寺主是拳捷骁武的邺下武僧稠禅师主持少林寺，从此开创嵩山少林寺僧人习武之先河"，"少林武术名扬四海，渊源久远，始于邺下，少林寺武术活动的开创是对中华武术的继承与发展，并非外来佛教高僧的创造"。❷ 少林寺国际武术学院院长释德炎法师也持这种观点，他在《少林拳史诗》中写道："嵩山少林武扬名，

---

❶ 马爱民：《从稠禅师及邺下定晋禅院考察看少林武术发端》，《体育学刊》，2002年第5期，第62–64页。

❷ 王玉湞：《搏击·武术科学》2006年第7期，第14–16页。

代代武僧沿大乘,拳始北魏稠功著,扬名在唐十三僧。"❶他赞扬少林武功,认为嵩山少林寺以武显名开始于第二任住持稠禅师。稠禅师是一位佛学渊博、武技超群的高僧,是少林寺最早的武僧,也是嵩山少林寺武术的创始者。

总之,主张"稠禅师创少林拳"的学者认为,稠禅师是一个武艺高强的武僧,少林寺武术是由他带到少林寺的,少林寺武术始于稠禅师。对于这一说法,2001年3月26日,新华社记者李丽静以《一项研究发现:少林武术源自河南安阳》为标题进行报道,全文如下:

天下功夫出少林,少林武术源自何方?河南省哲学社会科学"九五"规划项目的一项研究成果显示,少林武术的起源在河南省安阳市。

少林武术崛起于中州,远播于海外,是我国影响最大的武术流派,也是中华民族宝贵的传统文化遗产,在中国武术和宗教佛学中占有重要地位。

少林武术的起源众说纷纭,其中以达摩或跋陀创造两种说法流传最广。1989年和1990年举行首届全国少林拳学术研讨会和首届国际少林拳学术研究会,都曾将这一问题作为专题,征集研究成果。

以安阳师范学院副教授马爱民为首的11人课题小组,从

---

❶ 德虔,德炎:《中国少林武术大全》下册,北京:北京体育大学出版社,2006年版,第1205页。

1989年开始致力于这项课题的研究。他们搜集大量的历史资料，撰写出30多万字的研究报告。报告说，印度僧人达摩于公元486年至495年游历北魏嵩洛（少林寺一带），而此时，少林寺根本没有建立，达摩不可能与少林寺和少林武术发生任何关系。而少林初祖跋陀主持少林寺的时候，弟子们专心修行，安于习法，与世无争，完全是虔诚的佛教徒，与习武毫无关联，所以跋陀也不可能是少林武术的初创者。

课题组考察了少林寺的第二任主持稠禅师的祖籍、出生地、人生经历、武术流派等方面，用相互印证的文献和实物证实，稠禅师少年习武的地点是在我国历史上最早有文献可考的、有大量武僧活动的佛教寺院——邺下寺院（遗址在安阳县善应镇境内）。公元512年，时年33岁的稠禅师从邺下寺院来到少林寺，成为少林寺最早的武僧。稠禅师主持少林寺后，少林寺习武风气渐浓，在特定的社会历史环境和条件下，逐渐形成了精湛、丰富的少林武功。

目前，这一结论已经通过河南省哲学社会科学专家组的鉴定。鉴定认为，"少林武术起源在安阳"的结论具有创见性和发现性，有助于从整体上认识少林武术的历史价值和意义，对研究中国武术史的源流和发展，对武术文化的宣传和推广都将产生重要作用。❶

---

❶ 李丽静：《一项研究发现：少林武术源自河南安阳》，新华社2001年3月26日电。

## （三）隋唐创拳说

坚持"隋唐创拳说"的学者认为，少林武术真正的源头在隋唐之间。力主此说的主要代表人物是河南大学体育学院教授栗胜夫先生，他在《少林拳的产生与渊源》一文中说：

> 少林拳源于少林寺，拳以寺而得名，这是无可非议的实事。而达摩禅师创少林拳之说，纯属后人附会，与历史事实相矛盾。僧稠等早期少林寺中的武僧创少林拳之说，也不切合历史实际。从北魏到隋末，少林寺虽有僧人习武或有寺院武装的存在，但这绝非少林武术。因此，僧稠创少林拳之谈不能成论，少林拳的产生也不能从僧稠时说起。隋末唐初，唐郑之战才是少林拳源渊的分水岭。❶

栗氏在所撰《少林拳武源探讨》中也认为，少林拳是当时特定社会条件下受民间尚武之风影响的必然产物，僧稠是当时少林寺内习武僧人的代表，他对少林拳的兴起产生了一定影响。追溯少林拳的起源，应该从少林寺建成之后的"四方学者闻风皆至，徒众数百"说起。也就是说，少林拳兴于北魏孝文帝时期以僧稠为代表的僧人之手，经过大约120年的兴衰交替和隋唐时期昙宗的继承发展，在初唐时期，因少林寺得名，成为闻名后世、自成一家的少林拳派。❷

---

❶ 栗胜夫：《少林拳的产生与渊源》，《体育文史》1989年第5期，第43页。
❷ 栗胜夫：《少林拳武源探讨》，《武汉体育学院学报》1982年第3期，第78页。

坚持少林拳开创于隋唐时期这种观点者的主要依据，是嵩山少林寺武僧曾经在隋末唐初参与了一些战事，其中一件事即隋朝末年少林寺僧人抗拒"山贼"抢劫。嵩山少林寺现存唐玄宗开元十六年（728年）七月十五日立裴漼《皇唐嵩岳少林寺碑》记载："大业之末，此寺为山贼所劫。僧徒拒贼，遂纵火焚塔院，瞻言灵塔（即跋陀遗身木塔——引者）岿然独存。"大业是隋炀帝杨广的年号，此文中的"山贼"极可能是农民起义军，"僧徒拒贼"，指少林寺僧人面对"山贼"劫掠，奋起自卫，武装保卫寺院。另一件事是唐朝初期，唐军在统一全国的战争中，与王世充的郑军激战于嵩山一带，少林寺僧人协助唐军参战，奇袭郑军，立功受封。在唐高祖武德四年（621年）四月二十七日，少林寺上座善护、寺主志操、都维那惠玚等13位僧人，暗中联合辕州司马赵孝宰、罗川县令刘翁重等人，里应外合夺取辕州城，生擒郑军主将、王世充之侄王仁则，归顺唐军主帅秦王李世民。《皇唐嵩岳少林寺碑》详细记载了这件事：

  寺西北五十里有柏谷墅，群峰合沓，深谷逶迤，复磴缘云，俯窥龙界，高顶佛日，傍临鸟道，居晋成坞，在齐为郡。王（缺"世"字——引者）充僭号，署曰辕州（当为"䡮州"——引者），乘其地险，以立峰戍，拥兵洛邑，将图梵宫。

  皇唐应五运之休期，受千龄之景命，扫长蛇荐食之患，拯生人涂炭之灾。太宗文皇帝龙跃太原，军次广武，大开幕府，躬践戎行。僧志操、惠玚、昙宗等审灵眺之所往，辨讴歌之有属，率众以拒伪师，抗表以明大顺，执充姪（同"侄"——引者）仁则以归本朝。太宗嘉其义烈，频降玺书宣慰。既奉优教，兼承宠锡，赐地四十顷，水碾一具，即柏谷庄是也。❶

上述两件事表明，在战乱年代，少林寺的僧人被迫进行武装斗争以保卫寺院的利益。坚持少林武术起源于隋唐时期者认为，正是这两件事使少林武功扬名天下，所谓"僧自隋唐好武名""僧兵起于少林寺"。还有人认为少林武僧们的助唐之举，是僧兵最早作战的记录，也是少林武术为人所知的开端与原因之一。少林寺13名僧助唐立功受赏，是少林武功出世成名的关键性条件，少林武术产生的源头应开始于此。❷

## （四）少林武术创于元末说

持"少林武术创于元末"这一观点的学者不多，其中以程大力、程馨为代表。2006年，程大力在其专著《少林武术通考》中指出：

> 最早出现的紧那罗王退红巾的传说，尤为值得注意。俞大猷提到"神传长剑技"的嘉靖年间，距元末不到150年；程冲斗在世的万历年间，距元末不到200年，如果这个传说中没有隐伏着少林寺僧人习武和与红巾军对抗的事实，而仅仅是少林

---

❶ 裴漼：《皇唐嵩岳少林寺碑》，傅梅：《嵩书》卷二〇《章成二》，明万历四十年刻本。
❷ 德虔，素法：《少林拳》，北京：北京体育学院出版社，1990年版，第192页；河南省社会科学界联合会：《嵩泉的回响》，郑州：河南大学出版社，2012年版，第193页。

寺僧人为自己的武术附会一个始祖，按照中国文化和传统习俗崇古崇祖的思维，肯定会将之放在少林寺早期的背景上，并寻觅一个神秘人物。元王朝是被明王朝推翻的，朱元璋就是红巾军首领之一，少林寺僧应该没有必要也没有胆量去编造一个抗拒红巾军的故事，这也证明了这个故事在一定程度上具有真实性。少林武术、少林武僧初步产生的时期，可能就是元代。❶

程氏进而提出："明确的少林武术、少林武僧的创立时间，是元朝末年。"❷ 他和程馨合撰的《近百年少林武术研究述论》也认为，少林棍早于少林拳这一点没有异议，找到了少林棍的始祖，也就找到了少林武术的始祖。明正德年间所立勒赐《嵩山祖庭大少林寺那罗延神示迹碑》云，元至正十一年（1351年），那罗延"持一火棍，独镇高峰，红巾畏之而退"，俞大猷称少林有"神传长剑技"，程冲斗说少林"故演其技不绝"，都承认紧那罗（或称"那罗延"）是少林棍的始祖。❸

（五）明清创拳说

也有学者认为少林武术形成于明清时期，其主要代表有徐震（即

---

❶ 程大力：《少林武术通考》之《自序》，郑州：少林书局，2006年版，第1–2页。按：《少林武术通考》是程大力2000年写成的博士论文，并在2006年正式出版，所以这一观点的提出其实是在2000年。
❷ 程大力：《少林武术通考》，郑州：少林书局，2006年版，第90–91页。
❸ 程馨，程大力：《近百年少林武术研究述论》，《中国体育科技》，2017年第1期，第46页。

徐哲东)、马贤达、张传玺、康戈武、周伟良、马贤达、林伯原等人。1929年，徐震著《国技论略》，在书中他认为"少林在唐代已有尚武之风，至其拳术授受渊源可考者，不过明代"❶。1984年，马贤达在《试论我国武术史上的达摩与少林寺》一文中指出，少林武术始于隋唐时期似乎不符合历史事实，到宋元时期仍然没有关于嵩山少林寺僧人传拳习武的史料，"少林武术在明清以前，尚无可信的史册和图籍著录，明清以后才大量出现"；少林僧众练习武术是受民间武术的传习和影响，绝非达摩所传，亦非嵩山少林寺所固有；明末清初，有人将武术分为"少林派"（"外家"）与"武当派"（"内家"）两大派别。❷同年，张传玺撰文《少林武术与达摩并无关系》，认为嵩山少林寺自创建至明代前期，都不曾因武术留下记载，相关记载都是寺院僧人曾经参与的几次军事行动，这些记载都不足以说明嵩山少林寺的僧人武术如何；"至明代中期，少林的武术开始在社会上有些影响，但只不过是当时中国武林中的一派，并且名气并不高"，"少林寺以武术名震武林，是明清之际的事"。❸1989年，周伟良撰文《少林武术探源》，提出了少林武术创于明代的说法，认为可以确定少林武术的开创"不会晚于明正德初期，少林寺内已有习武活动"❹。2004

---

❶ 徐震：《国技论略》，上海：商务印书馆，1929年版，第13–17页。
❷ 马贤达：《试论我国武术史上的达摩与少林寺》，《西安体育学院学报》，1984年第1期，第10–16页。
❸ 张传玺：《少林武术与达摩并无关系》，《光明日报》1984年2月22日第3版。
❹ 周伟良：《少林武术探源一》，《中华武术》1989年第11期，第32–33页。

年，他再次重申自己的观点说："明前期说，这是笔者 10 多年前根据具体史料提出来的一个观点。"❶ 1991 年，林伯原撰文《论明清时期少林寺拳术的发展与传播》，认为关于少林寺僧人习拳的记载，自少林寺始建至明代前期，史籍鲜见。而自明代中期开始，诗文及兵书之中出现了许多有关少林寺僧人习武的记载，其中不乏关于少林寺僧人习练拳术的说法。这反映了自明代中期开始，少林寺僧人的习拳活动已有相当发展。❷ 同年，旷文楠在《试论少林武术体系的形成》一文中提出，少林武术体系中最先成熟者为器械武艺，以棍术为先，它形成于明代中叶，其次为枪，刀剑则更晚；少林拳到了清代才形成自己的特色；内功体系形成则更晚。旷氏认为，"构成少林武艺体系的 3 个重要组成部分的拳术、器械和内功，算是发展完备，标志少林武术体系的最终形成，这大致为清初至乾隆年间"❸。2014 年，康戈武先生则指出，嵩山少林寺流传的拳法不是达摩开创的，少林寺的棍法来自民间和军旅武术，嵩山少林寺传习的武术是中国固有的武术流传入寺内形成的，更确切地说是从宋至清初民间武术流入该寺而发展形成的。❹

---

❶ 周伟良：《明清时期少林武术活动的历史流变》，《体育文化导刊》2004 年第 1 期，第 69–73 页。

❷ 林伯原：《论明清时期少林寺拳术的发展与传播》，《北京体育学院学报》1991 年第 3 期，第 42–47 页。

❸ 旷文楠：《试论少林武术体系的形成》，《成都体育学院学报》1991 年第 2 期，第 1–7 页。

❹ 康戈武：《中国武术实用大全》，北京：中华书局，2014 年版，第 702–703 页。

## （六）集体创拳说

"集体创拳说"主要强调"僧徒集体的智慧"和"民间武术的渗透"。少林武术来源于民间武术，自嵩山少林寺建立后，不断有习武的高人来到这座寺院，北魏有孙溪，隋朝有马善通，唐朝有圆静和尚，宋朝有宋金花、田七，金元时期有白玉峰、李叟，明朝有董瑞、王庆、周太和，等等。他们投奔少林寺，更名换姓，削发为僧。不同地域的人皈依佛门后，不断切磋交流武艺，这是少林武术形成的关键性因素之一。客观情况和自然环境为少林武术的产生提供了条件。因此，部分学者认为少林武术的起源是以保护自己为首要前提的，至于保护寺院、军事行动、政治目的，都是后来的事情。❶加之登封县位于古都开封和洛阳中间，虽为通衢，但有嵩山之险阻，乱世乃兵家必争之地，而平时练习武艺可以护家，于是民间习武成风，少林和尚也随俗练武。由于少林寺练习武术的条件优越独特，功夫渐至超群，两源归一，终于汇成少林武术的长河。❷朱永光、林群勋、蔡宝忠等人认为，少林寺传习的武术是中国固有武术流传进入寺院内形成的。在特定的历史条件下，历代少林武僧吸收民间武术精华，不断充实提高形成了少林武术，其是集体智慧的结晶。❸

---

❶ 朱永光，林群勋，蔡宝忠：《少林武术起源五种"创拳说"评述》，《北京体育大学学报》2004 年第 12 期，第 1630 页。

❷ 张卫国：《挂单少林寺》之《行旅偶撷》，香港：三马图书有限公司，2000 年版，第 6–7 页。

❸ 朱永光，林群勋，蔡宝忠：《少林武术起源五种"创拳说"评述》，《北京体育大学学报》2004 年第 12 期，第 1628–1629 页。

## 二、对主要少林武术起源说的评析

### （一）关于"达摩创少林武术说"

众所周知，历史记载与历史事实之间往往存在不小的偏差，因为记载者会基于个人的好恶或利害考虑，在记载时对某些历史事件和历史人物加以感情化处理，从而在一定程度上使其失真。所谓"历史有时会在怀有某种意图的记载中被减去一些，使得它们退出了人们的记忆，但是有时也会在怀有某种心情的记载中变成神话，成为人们的记忆，却抹去了真正的历史，当人们在记忆中想起它的时候，就产生一些'非历史'的联想。然而，就是这些曾经成为神话的记忆，有时候也会在时间流逝中渐渐淡出，最终连同它所负载的历史一道，淹没在后来反复书写的记载中"[1]。著名历史学家顾颉刚曾经提出著名的"层累地造成古史"说，认为"古史是层累地造成的，发生的次序和排列的系统恰是一个反背"[2]；"时代愈后，传说的古史期愈长"，"时代愈后，传说中的中心人物愈放愈大"。[3] 程大力曾言，中国远古神话和历史不分，真实的时代越靠后，传说的历史反而越提前。无论是人物还是事物，

---

[1] 葛兆光：《记忆、神话以及历史的消失——以北齐僧稠禅师的资料为例》，《东岳论丛》2005年第4期，第20页。

[2] 顾颉刚：《古史辨》第一册《自序》，上海：上海古籍出版社，1982年版，第52页。

[3] 顾颉刚：《古史辨》第一册《与钱玄同先生古史书》，上海：上海古籍出版社，1982年版，第60页。

中国人认为越"早"、越"老"、越"古",就越有价值。❶这提醒我们,在考察少林武术的起源时,不能仅用一种思路,如果仅凭历史记载来证实这一问题,可能会忽略一些史实。诚如程大力在《少林宗法与少林武术》一文中所说,"'古史层累'规律亦左右着少林武术诞生的传说,历史与神话交织,少林武术的偶像体系也有可能是层累地造成的"❷。少林武术是一个庞大的体系,它的形成绝非一个人一朝一夕就能够实现的,而是逐渐形成的,也是动态演变的。

自秦汉以来,尤其是汉武帝"罢黜百家,独尊儒术"以来,各王朝统治者基本重文抑武,关于武术和习武的记录很少,流传下来的武学文献更少,即使当时有人记录,但是随着时间流逝,尤其是兵燹和各种灾害破坏,这些文献存留下来的概率也非常低。加之武术的起源、代表人物湮没在历史长河之中,少林武术在后来的各种民间传说中虽有提及,但又往往鱼龙混杂,真假难辨,由于这些因素,少林武术的起源变得非常模糊。

如上所述,少林武术的起源可谓众说纷纭,达摩开创少林武术之说,只不过迎合了一些人"崇古"的心理,他们认为越古老越具有权威性。目前,学术界基本认为达摩开创少林拳之说不成立。但

---

❶ 程大力:《少林宗法与少林武术》,《少林功夫文集》,郑州:少林书局,2003年版,第156–159页。

❷ 同❶。

有人认为少林武术的形成与禅宗坐禅静思和印度的瑜伽有一定的联系，他们认为，少林武术信仰的最初形态是禅定，六世纪印度高僧菩提达摩在少林寺首传禅宗教法，由于禅宗教法的盛行和少林寺的祖庭地位，"禅武合一"开始成为少林武术的主流思想，并成为僧人练习少林武术想要达到的理想境界。由于达摩在禅学上的卓越贡献，尊他为少林拳之祖的说法遂大为流行。2010年，吴长稳、宇恒伟撰《菩提达摩与少林寺武术源流考》，通过对菩提达摩入华年代、事迹及他对后世武术影响的考证，也认为虽然没有直接资料证明菩提达摩与少林武术之间存在渊源，但是他所弘扬的觉悟佛法、禅定神通、"二入四行"与少林武术之间有密切的联系，他对少林武术的产生有诱发作用。❶

最早批驳达摩开创少林拳这种说法的是清代的凌廷堪，他在《校礼堂文集》的《与程丽仲书》一文中记道：

> 承示《易筋经》一卷，旧传初祖达摩所授，盖依托也。前有李靖序，题曰"唐贞观二载春三月三原李靖药师序"。案：唐明皇天宝三载春正月丙辰朔，改年为载，至肃宗干元元年二月丁未，仍改载为年。此外皆称年，无称载者。此云贞观二载，其伪可知。《序》中又云徐洪克遇之海外，得其秘谛，授于虬髯客，复授于予。案：虬髯客，唐人戏作耳！非实有其人。观

---

❶ 吴长稳，宇恒伟：《菩提达摩与少林寺武术源流考》，《体育文化导刊》2010年第7期，第97页。

新旧《唐书》,皆无夫余国,他何足辨也。又有牛皋序,尤陋妄,题曰"宋绍兴十二年,鄂镇大元帅少保岳麾下宏毅将军汤阴牛皋鹤九甫序"。案《宋史·牛皋传》,(牛皋——引者)字伯远,汝州鲁山人,非汤阴人,亦不字鹤九。鄂镇大元帅,宋时无此官。又,《宋史·职官志》亦无宏毅将军之号。《序》中又云:"徽钦北狩,泥马渡江"。案:宋高宗绍兴三十一年五月辛卯,金遣高景山等来贺天申节,兼报渊圣皇帝讣音。九月甲午,上渊圣谥,庙号钦宗。此序既云作于绍兴十二年,是时渊圣尚无恙,未上庙号,何得便云"徽"、"钦"也?《序》又云:"江南多事,予因应我少保岳元帅之募,署为裨将。"案《皋传》,(牛皋——引者)初为射士,翟兴表补保义郎,累迁荣州刺史、中军统领、果州团练使、留守上官悟,辟为同统制兼京西南路提点刑狱转和州防御使,充五军都统制。是皋初隶翟兴,再隶上官悟,非因应武穆之募,历官亦不云为宏毅将军也。又,高宗绍兴十一年十二月,赐岳飞死。十二年春正月,田师中领飞鄂州兵。案:《皋传》又云,绍兴十七年上巳日(上巳节是中国古老的传统节日,俗称"三月三"——引者),都统制田师中大会诸将,遇毒而卒,年六十一。是飞死后,皋又隶田师中麾下。皋卒时,渊圣犹在也。作伪者即以皋武人,目不知书为解,而官爵、名字、籍贯何由而误?未来之事又何由而知乎?盖不通古今村夫子所

臆撰也。后又附《洗髓经》一卷，其序托名二祖慧可，云"初至陕西敦煌"。案：后魏时，敦煌安得有陕西之称，皆可笑之甚者。❶

凌廷堪的批驳有理有据，考证缜密，有力证明了达摩与少林武术之间并没有联系。之后，驳斥达摩创少林拳说法者越来越多。民国时期，武术史家徐哲东在《国技论略》中说：

少林寺之精究拳术，不知始于何时。据史乘所载，则少林在唐代已有尚武之风。至其拳术授受渊源可考者，不过明代。而说者乃谓达摩即倡此术，好事者又作《易筋》《洗髓》二经以实之。予尝有《〈易筋经〉〈洗髓经〉考证》辨之云："《易筋经》《洗髓经》，盖明清间人为之，而托其传于达摩也。"❷

徐氏考证后认为《李靖序》和《牛皋序》两篇序言是后人伪造的，并进一步认为《易筋经》和《洗髓经》伪造于明末清初。❸近代武术史学家唐豪考证后认为，少林武术为达摩所传之说滥觞于明代天启四年（1624年）。❹

继《易筋经》之后，在清末，《少林武宗》《少林拳术秘诀》《拳

---

❶ 凌廷堪：《校礼堂文集》卷二五《书四·与程丽仲书》，清嘉庆十八年刻本。
❷ 徐哲东：《国技论略》上篇《辨伪第三·〈易筋经〉〈洗髓经〉不出于达摩》，上海：商务印书馆，1920年版，第13—17页。
❸ 同❷。
❹ 参阅唐豪：《少林武当考》上编《少林考》，南京：中央国术馆，1930年版，第25页。中华人民共和国体育运动委员会运动技术委员会：《中国体育史参考资料》第4辑，北京：人民体育出版社，1958年版，第24—25页。

术讲义》等书流传于世。这些书在《易筋经·李靖序》的基础上，进一步把达摩开创少林拳的说法传衍，以讹传讹，一度在武术史学界造成认识上的混乱。民间有不少练习少林武术者将达摩作为少林拳派的开山祖师，而且口口相传。今天我们所能看到的关于少林"五拳"乃达摩所创的最早文字记载，见于民国初期出版的《少林宗法图说》和尊我斋主人的《少林拳术秘诀》，两书的内容基本相同。尊我斋主人的《少林拳术秘诀》说："五拳之法，人多以传自梁时之达摩禅师……于是乃为徒众示一练习法，其前后左右，共不过十八手而已。"❶ 1919年，郭希汾在《中国体育史》中认为，"少林拳即俗所称之外家，其术以搏人为主，其渊源所自，实始于达摩之十八手"❷。对这种说法，当时就有人质疑。1930年唐豪在《少林武当考》一书中说，《少林拳术秘诀》云："五拳之法，人多以传自梁时之达摩禅师，其实达摩师由北南来时，居于此寺，见徒从日众，类皆精神萎靡，筋肉衰惫。每一说法入座，则徒众即有昏钝不振者，于是达摩师乃训示徒众曰：'佛法虽外乎躯壳，然不了解此性，终不能先令灵魂与躯壳相离。是欲见性，必先强身，盖躯壳强而后灵魂易悟也。果皆如诸生之志靡神昏，一入蒲团，睡魔即侵，则明性之功俟诸何日？吾今为诸生先立一强身术，每日晨光熹微，同起而习之，必当日进而有功也。'于是乃为徒众示一练习法，其前后左右，共不过十八手

---

❶ 尊我斋主人：《少林拳术秘诀》，上海：中华书局，1915年版，第40—44页。

❷ 郭希汾：《中国体育史》，上海：商务印书馆，1919年版，第31页。

而已。"唐豪指出,"此百九十余字之记载,竟无从考其出处,想是著此书者所杜撰。否则,梁为南朝,魏为北朝,达摩先至梁而后至魏,尊我斋主人应具此种常识,不应将达摩行踪由南而北者,变为由北而南"。❶

尊我斋主人所著《少林拳术秘诀》中说,数百年后有所谓严州某公子出家于少林寺,称觉远上人,对五拳十八手"变化增益之,共为七十二手"❷。对于此种说法,时人徐哲东认为其说出自湖南洪门,他在《〈少林宗法图说〉考证》(见《〈少林拳术秘诀〉考证》附录一)中说:"湘中既为红帮盛行之地,其拳家则几乎皆称少林派。"他还举例证明道:"吾友刘协生先生为湘中少林名手,其所练之罗汉功与十八手极近,其五拳为龙、虎、豹、鹤、猴。"唐豪同意徐震的看法,认为"宗法是一部胚胎于洪门的著作,其附编拳谱,就是天地会所传的洪拳","十八罗汉手纵为洪门中人所传,其编造亦在洪拳之后","十八罗汉手与洪拳之间,虚拟一觉远七十二手,这无非为建立其五拳衍变的史事而已"。❸

1984年2月22日,张传玺在《光明日报》上发表《少林武术与达摩并无关系》一文,对《易筋经》及李靖和牛皋两人所作序言进行了详细考证,力证其虚假,辨伪入木三分,对少林武术起源于

---

❶ 唐豪:《少林武当考》上编《少林考》,南京:中央国术馆,1930年版,第26页。
❷ 尊我斋主人:《少林拳术秘诀》,上海:中华书局,1915年版,第40–44页。
❸ 唐豪:《〈少林拳术秘诀〉考证》,上海:上海国术协进会,1941年版,第73–74页。

达摩的说法也进行了有理有据的分析，力驳其非。他指出，"少林武术起源于达摩""达摩是中国武术家之祖"的说法，与中国武术史的实际情况根本不相符合。因为中国商周时代就已有武术，而有关达摩与少林寺及少林武术的传说都是后人附会而成。他认为，达摩在少林寺"面壁九年"不可信，这完全是《景德传灯录》故意编造的；在达摩死后的 1000 多年中，并无材料可以证明他传授过武术或有关于武术的理论；"达摩传武"之说来自伪书《易筋经》，此书虽托名为达摩所作，实际上是明代紫凝道人宗衡伪造的，书中李靖序、牛皋序都是伪造的；少林寺以武术著名始于明代中期，至于形成"少林派"是吸收了许多其他优秀武术拳种。因此，少林武术既不是达摩创始的，也没有留下什么达摩的武术著作《易筋经》，达摩不但与少林武术无关，而且和少林寺也没有密切关系。❶同年，马贤达撰《试论我国武术史上的达摩与少林寺》也对达摩开创少林武术的说法进行了批驳。❷蔡宝忠在《少林武术之谜的形成与破译》一文中亦否定了达摩开创少林武术的说法。❸

梳理史料可以发现，直到北宋中期才出现菩提达摩传教武术的说法。北宋真宗天禧三年（1019 年），著作佐郎张君房编成道教类书

---

❶ 张传玺：《少林武术与达摩并无关系》，《光明日报》1984 年 2 月 22 日第 3 版。
❷ 马贤达：《试论我国武术史上的达摩与少林寺》，《西安体育学院学报》1984 年第 1 期，第 10–16 页。
❸ 蔡宝忠：《少林武术之谜的形成与破译》，《沈阳体育学院学报》2003 年第 3 期，第 115 页。

《云笈七籤》，在卷五十九《诸家气法》中收录《达摩大师住世留形内真妙用诀》一文。文中写道：

> 吾昔于西国授得《住世留形胎息妙》（疑后缺"诀"字——引者），妙师名宝冠，传吾秘诀。问曰："今欲东游震旦及诸国土，弘传心地密法。其诸国土人多遇寒暑，为灾患所伤，例皆死丧，意欲拟向此土弘传心法，愿求留形，不为灾患疫疾所侵，长能住世，留形不死，不知得以否？"师云"得。"又问曰："云（疑此字衍——引者）如何即得？"师云："夫所生之本，始胎息，即是神与精气相合凝结，能变化为形者，即是为受之本。本气是人有之根，气因神而生，形因气而成。形不得气，无因得成；气不得形，无因为主。原其所禀之时，伏母脐下混沌三月，玄牝具焉。玄牝者，口鼻也。玄牝既立，犹如瓜花，闇注母气终于此也。在胎之日，母呼即呼，母吸即吸，绵绵十月，气足形圆，神备识全，遂解胎而生矣。悲夫！母唯知贪悦其子，不知自损其躯。母既伤残，只为分形减气为子之因。其子生于十月，情见于外，变婴孩子，指颐能笑者。先圣垂义，以为失道而后德，即人丧朴之本议（云子成，母衰也）。此其世人不知母养其子，子成母自衰矣。……"❶

---

❶ 张君房：《云笈七籤》卷五九《诸家气法·达摩大师住世留形内真妙用诀》，明正统年间刻本。

在此书的卷七十《内丹诀法·还丹内象金钥匙并序》中，张君房又说：

> 其二子皆内修阳法，外修僧形，法岂分外貌乎？僧玄皆人也，同天地间一物耳。若外为僧，内修阳法，何异于外貌黄冠乎？且阴阳之道任情变化，岂有偏党乎？惟《达摩师气诀》正是外内不出入，凝定空寂中，炼妙有之法，便是空寂法中阴真。❶

此《达摩大师住世留形内真妙用诀》的大概意思是说，昔日菩提达摩在天竺国时，其老师宝冠颁授他《住世留形胎息诀》。另外，《宋史·艺文志》也记载道，有"僧菩提达摩《存想法》一卷，又，菩提达摩《胎息诀》一卷"，"僧慧可《达摩血脉论》一卷"。❷ 从《存想法》《胎息诀》《达摩血脉论》的书名上看，其用途为修神养气，显然是时人托名菩提达摩所编，借以练气养神。张明莉指出，"上述所提涉及武术的著书，也可旁证武术养生书籍与达摩牵连由来已久，或者是达摩创拳之说批而不倒的另一解读"；"《易筋经》也系后人假借菩提达摩之名伪造，这种附会名人的做法历代皆有，不必大惊小怪"。❸ 当然，杜撰《易筋经》的作者也是一位博通武

---

❶ 张君房：《云笈七籤》卷七〇《内丹诀法·还丹内象金钥匙并序》，明正统年间刻本。
❷ 脱脱：《宋史》卷二〇五《艺文志四》，北京：中华书局，1977年点校本，第5188页、5185页。
❸ 张明莉：《对少林武术源起的异见》，《少林与太极》2021年第6期，第31–32页。

学者，只不过他假托达摩这名外国高僧，以提高此书的可信度和权威性。

2008年，邱高兴在《菩提达摩形象的建构》一文中说，在北宋以前，达摩和武术之间没有丝毫关系，他和武术之间发生关系是在北宋真宗时。❶张君房编《云笈七籤》卷五十九《诸家气法部四》收录的《达摩大师住世留形内真妙诀》，里面道教借用了达摩形象，作为宣传成仙修身方法的代言人。

2020年，温玉成发表《少林武术发展史略》一文，进一步反驳达摩创少林武术这种说法。他详细梳理这种说法的来龙去脉，认为明代天启四年（1624年），天台山紫凝道人宗衡托名菩提达摩撰写《易筋经》，为了提高这部书的可信度，他又托名唐初名将李靖和南宋初年名将牛皋编造了两篇序言，其中，他将李靖的序言写为作于贞观二年（628年），牛皋的序言写为作于绍兴十二年（1142年）。最初，《易筋经》只有抄本流传。清嘉庆十年（1805年），出现了祝文澜的刊本。至道光三年（1823年），又出现市隐斋刊本，咸丰八年（1858年），由少林寺传出一本，改名为《卫生要术》。王祖源在少林寺居住了3个月，得到一本《内功图》，一本《枪棒谱》，内容与《卫生要术》相同，王祖源删去"羽流邪说"后，于光绪七年（1881年）重新刊印，并取书名为《内功图说》。晚清诸种版本在《易筋经》的基础上又补充了许多内容，一部分内容从乾隆三十六年（1771年）

---

❶ 邱高兴：《菩提达摩形象的建构》，《佛学研究》2008年第0期，第103-104页。

徐鸣峰编《寿世传真》抄来。20世纪初，《天铎报》副刊上刊登了一个传抄本《少林宗法》，书中附会达摩曾经传授十八罗汉手于嵩山少林寺。民国二十六年（1937年），吴图南的《国术概论》出版，其中《少林拳史略》等内容亦沿袭旧说，人云亦云，称五拳法"导源于达摩禅师之十八罗汉手"，并且列出此种拳法的传承顺序，即"跋陀→惠光→达昙→达摩→惠可"。❶

通过梳理南朝梁释慧皎的《高僧传》、北魏杨衒之的《洛阳伽蓝记》、北齐魏收的《魏书》、唐代释道宣的《续高僧传》及裴漼的《皇唐嵩岳少林寺碑》等与菩提达摩有关的权威史料和碑刻，可以发现其中从未记载他与少林武术有什么联系。实际上，达摩的所谓"大乘壁观"在当时并不受欢迎。对于此事，北宋高僧圆悟克勤著《碧岩录》记载说：

> 时后魏光统律师、菩提流支三藏与师论议，师斥相指心，而褊局之量自不堪任，竞起害心，数加毒药。至第六度，化缘已毕，传法得人，遂不复救，端居而逝，葬于熊耳山定林寺。❷

以上所述表明，达摩于梁武帝大同二年（536年）去世，葬于龙门熊耳山，立塔于定林寺（今河南省陕县李村乡陆沟村），并未在嵩山少林寺。另外，达摩洞的石质与"达磨面壁影石"的石质不同，

---

❶ 温玉成：《少林武术发展史略》，《少林与太极》2020年第8期，第36-37页。

❷ 圆悟克勤：《碧岩录》卷一，明嘉靖年间刻本。

表明这块影石是后来镶嵌上去的,可见"达磨面壁九年"之伪,更毋论他传授拳术于少林寺僧人了。

(二)关于"稠禅师创少林拳说"

在学术界批驳达摩创少林拳不可信之时,一些学者认为少林寺开山祖师、天竺僧人跋陀的弟子僧稠,是少林寺最早的习武者,于是"僧稠创拳说"流行起来。对于僧稠习武之事,唐朝人张鷟的《朝野佥载》卷二详细记载道:

> 北齐稠禅师,邺人也。幼落发为沙弥,时辈甚众,每休暇,常角力腾趠为戏。而禅师以劣弱见凌,给侮殴击者相继。禅师羞之,乃入殿中,闭户抱金刚足而誓曰:"我以嬴弱为等类轻侮,为辱已甚,不如死也。汝以力闻,当佑我。我捧汝足七日,不与我力,必死于此,无还志。"约既毕,因至心祈之。初一两夕恒尔,念益固。至六日将曙,金刚形见,手执大钵满,中盛筋,谓稠曰:"小子欲力乎?"曰:"欲。""念至乎?"曰:"至。""能食筋乎?"曰:"不能。"神曰:"何故?"稠曰:"出家人断肉故耳!"神因操钵举匕,以筋食之。禅师未敢食,乃怖以金刚杵,稠惧遂食。斯须食毕,神曰:"汝已多力,然善持教,勉旃。"神去且晓,乃还所居。诸同列问曰:"竖子顷何至?"稠不答。须臾于堂中会食,食毕,诸同列又戏殴,禅师曰:"吾有力,恐不堪于汝。"同列试引其臂,筋骨强劲,殆非人也。方惊疑,禅师曰:

"吾为汝试之。"因入殿中,横塌壁行,自西至东,凡数百步,又跃首至于梁数四。乃引重千钧,其拳捷骁武劲,先轻侮者俯伏流汗,莫敢仰视。禅师后证果,居于林虑山,入山数十里,精庐殿堂,穷极壮大,诸僧从而禅者,常数千人。齐文宣帝怒其聚众,因领骁骑数万,射(当为"躬"——引者)自往讨,将加白刃焉。禅师是日领僧徒谷口迎候,文宣问曰:"师何遽此来?"稠曰:"陛下将杀贫僧,恐山中血污伽蓝,故此谷口受戮。"文宣大惊,降驾礼谒,请许其悔过。禅师亦无言。文宣命设馔,施毕请曰:"闻师金刚处祈得力,今欲见,师效少力,可乎?"稠曰:"昔力者,人力耳!今为陛下见神力,欲见之乎?"文宣曰:"请与同行寓目。"先是,禅师造寺,诸方施木数千根,卧在谷口,禅师呪之,诸木起立空中,自相搏击,声若雷霆,斗触摧折,缤纷如雨。文宣大惧,从官散走。文宣叩头请止之,因敕禅师度人造寺,无得禁止。❶

虽然张鷟将稠禅师的习武经历和武艺高超说得很玄妙,但是透过团团神话迷雾,我们仍然可以发现他的论述也曲折地反映出一些事实,即稠禅师俗姓孙,自幼进入寺院当小沙弥。当时僧人习武成风,他们经常互相角力斗拳为戏。稠禅师入寺后,因为体弱力小,经常遭到同伴欺凌,于是发奋图强,立志练武。功夫不负有心人,

---

❶ 张鷟:《朝野佥载》卷二,北京:中华书局,1979年赵守俨点校本,第39-40页。按:关于稠禅师幼年习武一事,《太平广记》也有记载,但其文字表达与《朝野佥载》存在不小的出入。参阅李昉等:《太平广记》卷九一《稠禅师》,明嘉靖年间刻本。

在"金刚神"——武艺高强者的悉心指导下，经过勤学苦练，他的体质逐渐由弱变强，武艺也炉火纯青。他不仅练成上乘轻功，身轻如燕，能够飞檐走壁，而且拳术精湛，力大无比，成为一名武艺高强的武僧。同时，这个故事也反映了少林寺僧在少林寺建寺初期即有习武活动。僧稠在进入少林寺之前就会武术，其武术是他幼年时投奔钜鹿景明寺习得的，他是身怀高超的武艺进入少林寺的。

而《朝野佥载》中所云稠禅师事迹，可在唐朝人韦述的《两京新记》中所记另一高僧法通的事迹中寻到，书中记道：

> 懿德寺，隋开皇六年刑部尚书万安公李圆通所立。神龙元年，中宗为懿德太子追福，重加饰为禅院，内有大石臼重五百斤。隋末，鄠县人开法通自终南社来。法通少出家，初极怯劣，同侣轻之，乃发愤乞愿壮健，昼夜不舍。后因昼寐树下，口中涎沫流出三升，其母惊遽，呼觉，通曰："忽梦大人遗三驮酥，使通噉之，适噉一驮便惊悟耳。自尔健壮特异，试举大木石，不以为困。此寺僧行戢本称膂力，通遂窃其袈裟，举堂柱以压之，行戢望见惊异，尽力莫能取之。通乃徐举柱以取，众大骇通力兼百人，时人咸伏，以为神力。❶

文中所说的"酥"绝非日常生活中的一种食物，其具有神奇的功效，人们食用后会身强力壮。隋末，年幼的法通到懿德寺出家，因年少体弱常为同伴所轻视，遂"发愤乞愿壮健"。他梦中食酥一驮，

---

❶ 韦述：《两京新记》卷三《懿德寺》，清佚存丛书本。

于是"健壮特异",举大木石不以为累,曾力服同寺"本称膂力"的僧人行慧,"时人咸服",这些情节与张鷟《朝野佥载》中僧稠事迹非常相似。张鷟和韦述是同时代人,因此,不排除他将僧稠和法通的事迹混为一谈的可能。诚如谭华所说:"后来张鷟道听途说,张冠李戴,将法通之事记到稠禅师头上,是很有可能的。"❶谭华考出《朝野佥载》所载僧稠事迹乃出自《续高僧传》,基本否定了僧稠习武传少林武术的可能。程馨和程大力认为,如果这一质疑成立,僧稠的飞檐走壁、呼风唤雨,包括"伏虎"之类的神迹,与武术根本没有关系,那么讨论少林武术源于安阳,僧稠是少林武术创始人之类,就显得毫无意义。❷

对于少林武术源自安阳之说,2001 年温玉成发表《少林武术源于少林不容置疑》一文进行反驳,指出稠禅师 28 岁时,投钜鹿郡(今河北晋州市)少林寺高僧勒那摩提的大弟子景明寺僧实法师出家,后来僧稠又到少林寺从道房禅师习禅,在今河南、河北一带深山中修证。僧稠大约于 513 年回到少林寺,于 520 年前后成为少林寺的寺主。512 年时,所谓"邺下寺院"尚未建立,因此"僧稠成为少林寺最早的武僧"是没有根据的。❸

---

❶ 谭华:《北朝僧人习武与少林武源》,《成都体育学院学报》1981 年第 3 期,第 15–17 页。
❷ 程馨,程大力:《近百年少林武术研究述论》,《中国体育科技》2017 年第 1 期,第 45–48 页。
❸ 温玉成:《少林武术源于少林不容置疑》,《郑州晚报》2001 年 3 月 31 日版。

2007年，申怀松也质疑稠禅师创少林拳之说，认为稠禅师也许是第一个带武术进入嵩山少林寺的和尚，但是至今还没有足够的证据证明他在少林寺传播自己的武术。另外，僧稠离开少林寺后，曾经长期住在王屋山，后来到达河北省正定县大冥山，晚年住在邺城西南龙山（今河南省安阳市郊区）。如果说当时稠禅师的武功颇具影响力，那么他离开少林寺以后，必定会大力传播武术，在经过的地方广收门徒，以发扬少林武术。可是今天我们发现他离开少林寺后去过的地方，都没有出现过武术中心。要想说明少林武术起源于稠禅师，必须想办法解决稠禅师的武术传承问题，这样才有说服力。"我们探索少林武术起源于稠禅师时，必须对古史有一个正确把握，同时力求认识少林武术发生学的规律，也就是发生学意义上的起点和初始状态，这是研究少林武术起源问题的根本出发点。也就是说，少林武术起源于稠禅师必须具备两个必要条件：①在少林寺僧众中稠禅师是第一个会武术的，也就是起源问题；②稠禅师的武术得到了广泛的传播，也就是传习问题。这两个条件缺一不可。因为'起源'是萌芽、发生的过程。'传习'是延续、进化、发展的过程。"❶

（三）关于"少林武术创于隋唐说"

民间一直流传着"十三棍僧救唐王"的说法。这种说法的根据

---

❶ 申怀松：《少林武术起源考辨——僧稠创拳说》，《河北体育学院学报》2007年第1期，第82-84页。

是隋炀帝大业末年，少林寺僧人抗击农民军，以及唐武德三年（620年），少林寺僧人帮助李世民统率的唐军对抗王世充的郑军，擒获郑军统帅王世充的侄子王仁则献给唐军的事迹。据唐玄宗开元年间所立《皇唐嵩岳少林寺碑》记载："太宗文皇帝龙跃太原，军次广武，大开幕府，躬践戎行。僧志操、惠玚、昙宗等审灵眷之所往，辨讴歌之有属，率众以拒伪师，抗表以明大顺，执充侄仁则以归本朝。"我们分析此碑文，其中提到时为秦王的李世民亲自率唐军与王世充军作战，少林寺僧人参战并活捉郑军主帅王仁则投奔唐军。从"率众以拒伪师"一语可以看出，当时参战的少林寺僧人数量可观。否则，即使城有内应配合，单靠这13名武僧之力也难以直捣郑军盘踞的重镇辕州城，活捉其主帅王仁则。从"躬践戎行"4个字中，我们可以发现李世民有可能"孤军深入"和"遇险被救"，这也正是民间传说"十三棍僧救唐王"的依据。然而，这一依据是建立在可能性基础之上的，说服力并不强，需要其他可靠的证据来进一步佐证。对此，蔡宝忠也质疑说，在碑文中只提到志操、惠玚、昙宗等，这个"等"字，究竟能代表多少武僧？为什么称"十三棍僧"？"十三"是少林寺的吉祥数字。至于称"十三棍僧"，是李世民武德四年（621年）十三日写信之日与少林僧参战吉祥数的契合，实际绝不止13名武僧。❶

---

❶ 蔡宝忠：《少林武术之谜的形成与破译》，《沈阳体育学院学报》2003年第3期，第115页。

有学者批驳了这种说法，早在 1984 年，张传玺在《少林武术与达摩并无关系》一文中指出，唐武德三年（620 年），少林寺僧人昙宗等人曾经因率众活捉王世充之侄王仁则，被唐王朝封为大将军，而这件事与武术并无关系，只不过是一件"武事"而已。他说：

> 少林寺自始建至于明代前期，都不曾以武术留下记载，留下来的只是该寺的僧众曾参加过几次军事行动。例如，唐武德三年活捉王仁则事和其他的一些偶然的军事活动。这些事件还不足以说明少林寺的武术如何。❶

蔡宝忠也认为两军对垒，唐军处于优势，郑军处于劣势，身为唐军统帅的李世民，绝不会轻易冒险只身进入敌境侦察，扮演一个"侦察兵"的角色；由此判定"十三棍僧救唐王"是不存在的，少林武术应该起源于北魏，形成于隋唐，鼎盛于明清。❷

### （四）关于"少林武术创于元末说"和"明清说"

如前所言，坚持少林武术开创于元末的学者，其依据是紧那罗王退红巾军。然而这毕竟是神话，难以令人信服。认为少林武术开创于明清时期的学者，则大多将少林武术传习的时期确定在明代中期，认为嵩山少林寺从创建到明代前期，都不曾以武术留下记载，留下来的

---

❶ 张传玺：《少林武术与达摩并无关系》，《光明日报》1984 年 2 月 22 日第 3 版。
❷ 蔡宝忠：《少林武术之谜的形成与破译》，《沈阳体育学院学报》2003 年第 3 期，第 115 页。

只是该寺的僧人曾经参与几次军事行动。笔者认为这两种说法似乎混淆了少林武术的起源与传承之间的界限，其论不足以说明少林寺的武术来源如何。其实少林武术的"起源"和"传习"并不是一回事，"少林武术起源"是其萌芽、形成的过程，"少林武术传习"是其延续、进化、发展的过程，前者是后者的前提和基础，不可等同，更不能以传承代替起源，出现顺序和逻辑错误。由于受史料限制，在"少林武术起源"与"少林武术传习"之间出现了断层，导致有人将二者混为一谈，以至以后者代替前者、否定前者，这是有问题的。循之常理，在元末和明清时期的军事行动中，少林武术能够大显身手，说明在此之前它必定早已经存在，并且经过长期发展才成型。

综上所述，从以上几种"少林武术起源说"我们不难发现，嵩山少林寺僧人习武与当时的社会环境存在密切关系。建寺之后，由于嵩山少林寺地处深山野林之中，交通不便，猛兽出没，恶劣的生存环境客观上要求僧众必须有强健的体魄。这一方面是为了生存自卫，保护寺院及其财产的安全；另一方面是为了强身祛病，益寿延年。于是武术在嵩山少林寺扎根并得以发扬光大，"武以寺名，寺以武显"。南北朝时期，社会动荡不安，战乱频繁，练习武术成为人们防身自卫或战场杀敌立功的迫切需要。由于不少帝王崇佛，许多寺院拥有大量田产和财物，在动荡的社会环境下，为了保护寺院及其财产的安全，许多寺院组织僧人练习武艺自卫，惩恶扬善，除暴安良。这不乏其例。北魏太武帝太平真君六年（445年）九月，盖吴在杏城聚众起义，关中骚动，❶太武帝拓跋焘御驾亲征，西伐义军。到达长安后，御驷在城内某寺院内的麦田中牧马，太武帝前往观马，寺院僧人宴请他的随从官员，请他们饮酒。有一名官员进入僧人的便室后，发现室内藏有大量弓、矢、矛、盾等兵器，于是急忙出屋奏闻太武帝。太武帝闻听大怒道："此非沙门所用，当与盖吴通谋，规害人耳！"于是下令将寺里的僧人全部诛杀，没收其财产，得到许多酿酒的器具和"州郡牧守、富人所寄藏物，盖以万计"❷。尊崇道教的太武帝本来就恼怒此寺沙门非法妄行，而当时随行的笃信道教官员崔浩又竭力煽风点火地怂恿，于是他下令诛杀长安城内的沙门，在北魏境内灭佛，于太平真君七年（446年）正月颁布诏书灭佛道：

> 彼沙门者，假西戎虚诞，妄生妖孽，非所以一齐政化，布淳德于天下也。自王公已下，有私养沙门者，皆送官曹，不得隐匿，限今年二月十五日。过期不出，沙门身死，容止者诛一门。❸

这次太武帝拓跋焘下令灭佛的导火线就是在长安城内某寺院的僧人习武，藏有大量弓、矢、矛、盾等兵器。因为这时盖吴起义如火如荼，所以拓跋焘怀疑此寺院的僧人与起义军有染，进而下令在北魏全境灭佛。通过这一事件，我们认为南北朝时期寺院僧人习武

---

❶ 魏收：《魏书》卷四《世祖纪下》，北京：中华书局，1974年点校本，第99页。
❷ 魏收：《魏书》卷一一四《释老志》，北京：中华书局，1974年点校本，第3033–3034页。
❸ 同❷。

不足为奇。当时有不少僧人习武，有的僧人还参加反叛动乱。例如，南朝刘宋孝武帝大明初，"南彭城蕃县民高阇、沙门释昙标、道方等共相诳惑……与秣陵民蓝宏期等谋为乱"❶。北魏宣武帝延昌元年（512年）六月，"沙门法庆聚众反于冀州，杀阜城令，自称大乘"❷。由于参加叛乱，在叛乱被镇压之后，不少僧人被强制充军，或者还俗为民。如前揭北魏太武帝拓跋焘怀疑僧人作乱，太延四年（438年）三月，他"罢沙门年五十已下"❸，下令50岁以下的和尚或者还俗为民从事社会生产，或者参军服兵役作战。但事过之后，一旦帝王复倡佛法，他们又大量返回寺院为僧。如承平元年（452年）北魏文成帝即位之后，大力尊崇佛教，下诏道：

> 今制诸州郡县，于众居之所，各听建佛图一区，任其财用，不制会限。其好乐道法，欲为沙门，不问长幼，出于良家，性行素笃，无诸嫌秽，乡里所明者，听其出家。率大州五十，小州四十人，其郡遥远台者十人。各当局分，皆足以化恶就善，播扬道教也。❹

此诏书颁布后，"天下承风，朝不及夕，往时所毁图寺仍还修矣，佛像经论皆复得显"❺。不言而喻，在这种情况下，一些被充军的和尚

---

❶ 沈约：《宋书》卷七五《王僧达传》，明崇祯七年刻本。
❷ 魏收：《魏书》卷九《肃宗纪》，北京：中华书局，1974年点校本，第222页。
❸ 魏收：《魏书》卷四（上）《世祖纪上》，北京：中华书局，1974年点校本，第88页。
❹ 魏收：《魏书》卷一一四《释老志》，北京：中华书局，1974年点校本，第3036页。
❺ 同❹。

又可以返回寺院重操旧业。由于当过兵，接受过军事训练，他们对寺院的练武活动无疑会起促进作用。此外，寺院的僧人习武，与武术的健身性娱乐功能也有一定的关系。《续高僧传》即记载道："宫中常设曰'百僧斋'，王及夫人手自行食。斋后消食，习诸武艺。"❶ 这表明习武有健身与娱乐的因素。北魏人杨衒之所著《洛阳伽蓝记》中，即详细记载寺庙佛节庙会游乐的盛况，说洛阳禅虚寺"前有阅武场，岁终农隙，甲士习战，千乘万骑，常在于此。有羽林马僧相善抵角戏，掷戟与百尺树齐等，虎贲张车渠掷刀出楼一丈。帝亦观戏在楼，恒令二人对为角戏"❷。在这座寺院前的阅兵场上，经常开展武术表演和较武角力等活动。上述史实表明，南北朝时期寺院僧人习武已是普遍现象，佛教与武术发生了联系，少林武术便是在这样的历史背景下产生的。

少林武术形成过程中深受印度瑜伽影响，诚如万瑜、蔡宝忠在《少林武术"拳禅合一"的结合点》一文中说：

参禅打坐与少林坐功的结合，佛教禅宗的入门功是参禅打坐，修禅包括参禅、坐禅和禅定三个主要环节。参禅是指坐禅和禅定的全过程；坐禅是指参禅时所采用的静坐方式；禅定则是指在修禅过程中内心所获得的安静状态。参禅打坐被称为是

---

❶ 释道宣：《续高僧传》卷二《译经篇二》，大正新修大藏经本。
❷ 杨衒之：《洛阳伽蓝记》卷五《洛阳城北伽蓝·禅虚寺》，上海：上海古籍出版社，1978年版，第24页。

一种上乘境界。……禅定的坐法有多种，但是在少林寺最有影响的要算"止观派"和"壁观派"两种。建寺之初，少林武术信仰的最初形态就是禅定，由印度高僧跋陀所传授，其中小乘派佛教（亦称"希那衍那"）就属于止观派。止观是扫除杂念，以使专心一境的方法。可供参考的方法有系缘守境止法、制心止法、空观法和假观法等。当时得法者主要有僧稠、慧光、道房等一代大师；而达摩所传授的为大乘派佛教（亦称"摩诃衍那"），属于壁观派，并构成第二次中外文化的交流。壁观派，即外止诸缘，内心无喘，心如墙壁，以阻碍种种杂念的干扰。得法者主要有慧可、僧副、道育等一代大师。……强调出家人要少思寡欲。通过坐功可以实现一个人从俗家到出家"脱胎换骨"的超越。无论是禅宗小乘，还是禅宗大乘，都是以坐禅修心，以静养性为目的的。❶

对于少林武术在形成过程中受到印度瑜伽影响，易红梅、易滨广也说："那时的瑜伽练习者观察动物……模仿一些对人有益的动作（如蛇式、兔式）发展而成。而这些体位法的练习理念又与中国气功'五禽戏''易筋经''八段锦'等功法练习一致。"❷ 黄心川在《印度瑜伽

---

❶ 万瑜，蔡宝忠：《少林武术"拳禅合一"的结合点》，《山东体育学院学报》2009年第1期，第45-46页。

❷ 易红梅，易滨广：《瑜伽与中医养生》，《福建中医学院学报》2008年第2期，第41-42页。

与少林武功》一文中也认为,在少林武功中,有人常常将其武术概括为龙、虎、豹、蛇、鹤5式,这与诃陀瑜伽所提到的名称和势态有很多契合处,这种模仿动物的行动以锻炼身体是一种可以见到实效、合乎科学的方法。我国古代就有"五禽之戏",这可能是相互交流的影响。❶

笔者赞同黄心川和易红梅、易滨广等人关于瑜伽术对少林武术影响的说法。诚如张明莉先生所言,瑜伽术通过佛教影响少林武术的早期形成,这是它起源中的一个重要因素。达摩禅宗隐含瑜伽术等修炼方式,长期影响着少林僧人禅修武修的意识和行为,这是影响少林武术起源的另一个重要因素。尽管如此,却并无直接证据说明菩提达摩开创少林拳。禅宗融合黄老之说,其禅修同道家的养生之说互为表里,道家借达摩之法为其成仙羽化代言,禅宗融合黄老之说劝化信众崇佛离世,打坐修禅,少林武术的养生功能得以凸显。少林武术是修菩萨之心、行金刚之法的禅武同修,其近战手法灵活多变,其技击搏杀功能在技术体系方面博采众长,它更像取众家之长而成。❷

总之,我们探究"少林武术起源"这个问题,应该承认少林武术的创立必定是先从具体的个人开始的,绝不会凭空而来,否认这一点便会导致"少林武术起源不可知论"。另外,我们也要认识到,

---

❶ 黄心川:《印度瑜伽与少林武功》,《佛学研究》1995年0期,第140页。
❷ 张明莉:《对少林武术源起的异见》,《少林与太极》2021年第6期,第31–32页。

少林武术是在军事实践与汲取民间武术精华基础上，经过许多人长期努力逐渐形成与发展起来的，它是集体智慧的结晶，并非由一人独创。如果否认这一点，就会导致"少林武术速成论"，这并不是科学的态度。当然，我们也不能否定在少林武术形成的过程中，个别人物尤其是嵩山少林寺的武僧们做出了突出的贡献。少林寺众僧来自全国各地，其中不乏武艺高强者。如前所述，少林寺第二任方丈稠禅师到少林寺之前就是一位"拳捷骁武劲"的武僧就印证了这一点。他们将民间武术带进寺院，并与禅宗交流融合，创编与改造出适合少林寺众僧习练的武术，对少林武术的形成与发展功不可没。诚如何其霞和马爱民两位先生所言：

> 少林武术源于民间，由民间向寺内流传，又从寺内向民间传播，逐步形成了独具特色的少林武功。少林武术的开创和形成是对源远流长的中华武术文化的继承与发展。……少林寺建寺初期的武功活动还没有形成一种成熟的武术流派，作为一个佛教圣地，能够使武术在寺院中流传弘扬，除了当时的政治背景、历史环境因素外，是与中国传统文化的融合分不开的，而最早将中国武术文化带入这一佛教寺院中的，是既精武功、又通佛学的少林二祖"拳捷骁武（劲——引者）"的邺下武僧稠禅师。研究少林武术史，我们不能忽视这些杰出武僧的个人作用。❶

---

❶ 何其霞，马爱民：《少林武术的开创和发展与北方地区邺下寺院尚武传统关系之研究》，《北京体育大学学报》2008 年第 7 期，第 902-903 页。

综上所述，嵩山少林寺传习的武术是中国固有民间武术流传入寺内形成的。少林武术绝非由一人所开创，而是在汲取民间武术营养的基础上，经过许多人努力，汇涓涓细流而成长河，长期演进而成，它是集体智慧的结晶。同时，少林武术始终是开放的、动态的，它不断博采众家之长，发展完善自己，这也是其保持生命力的重要因素之一。

# 第二章　隋唐时期少林武术的扬名

少林武术产生后，长期不为人所知，一直到隋末唐初嵩山少林寺武僧抗拒"山贼"和帮助唐军作战，才一鸣惊人，之后便加速发展。而这并不意味着少林武术起源于隋唐时期，只是到这一时期才广为人知。诚如近代武术研究家唐豪所言："少林以武显，始于隋末之拒贼，唐初之助征王世充。"❶ 国家体育运动委员会武术研究院编纂的《中国武术史》也认为："隋唐时期，民间尚武之风亦甚浓厚，隋末，少林寺僧助唐王李世民击败王世充便是突出例证。……少林寺从此以武功闻名于世。"❷ 少林寺僧众能参与军事活动，说明该寺僧兵具有一定的武艺。僧徒习武主要是为了保护寺院田产，这在当时是一个普遍现象。而少林寺因受唐太宗李世民的嘉奖，遂以武术名扬天下。

---

❶ 唐豪：《少林武当考》，南京：中央国术馆，1930 年版。
❷ 国家体育运动委员会武术研究院：《中国武术史》，北京：人民体育出版社，1997 年版，第 146–147 页。

## 第一节　隋末少林武术在战乱中初露锋芒

建德年间，北周武帝宇文邕采纳大臣元嵩的建议，大规模灭佛，"断释老之教，率土伽蓝，咸从废毁"，嵩山少林寺也未躲过这场劫难。周武帝去世后，其子宣帝宇文赟、静帝宇文阐先后继位。大象年间，周静帝"追崇景福……初，复佛象及天尊象，迁于两京"，在都城长安和东都洛阳附近各立一寺。因为是周静帝基于"孝思"所设置，两座寺院皆以"陟岵"为名，其中，"洛中"即洛阳附近的陟岵寺就是少林寺。

开皇元年（581年）隋朝建立伊始，隋文帝杨坚尊崇佛教，特地下令"惟此寺名特令仍旧"，陟岵寺恢复少林寺旧名。此后，"少林寺"之名一直沿用至今天，再也没有更改过。开皇年间，针对"二教初兴，四方普洽，山林学徒归依者众"的情况，为解决寺院僧徒的衣食所需问题，隋文帝又下诏道："其柏谷屯地一百顷，宣赐少林寺。"少林寺本来有一些田地，又获得柏谷坞的100多顷良田，于是一跃成为当地拥有大量田产的封建地主。❶少林寺的组织机构庞大，有自己的车马、农具、粮库和仓房，每天有大量僧人在寺院活动。而隋文帝之所以对少林寺如此慷慨，源于他的敬佛情结。隋文帝杨坚在雍州冯翊郡（今陕西大荔县）出生，幼年时曾经

---

❶ 裴漼：《皇唐嵩岳少林寺碑》，叶封，施奕簪：《少林寺志》（不分卷）之《艺林·碑记》，清乾隆十三年刻本。

受到本郡般若寺的尼姑智仙抚养。❶在杨坚 7 岁时，智仙尼师告诉他："儿当大贵，从东国来，佛法当灭，由儿兴之。"在长到 13 岁时，杨坚才回到父母家。他性喜简朴，喜欢寺院里的钟声，偏好豆类制品，曾自言自己"可能前世为一修道人"。杨坚登上帝位后，智仙已经圆寂多年，他非常思念这位慈母般的僧尼，不仅在群臣面前屡次提及她的德行，而且下令工匠为她精心铸造"等身像，并图仙尼置于帝侧，是用绍隆三宝，颁诸四方"❷，以表达对智仙尼师的思念之情。这一特殊的经历深深地影响他支持佛教的态度。开皇三年（583 年），隋文帝杨坚下令"周朝废寺咸乃与立之，名山之下各为立寺，一百余州立舍利塔，度僧尼二十三万人"。据统计，他在位期间（581—604 年），建造寺院共 3792 所，抄佛经 46 藏 132 086 卷，整理故佛经典 3853 部，造佛像 106 580 尊，其余自造的不计其数。❸开皇二十年（600 年）十二月，隋文帝又下诏保护佛、道二教：

  敢有毁坏、偷盗佛及天尊像、岳镇海渎神形者，以不道论；沙门坏佛像，道士坏天尊者，以恶逆论。❹

由上可见，隋文帝的崇佛情结具有一定的必然性，与他特殊的

---

❶ 魏征等：《隋书》卷一《高祖纪上》，北京：中华书局，1973 年点校本，第 1 页。按：冯翊北魏属雍州，隋朝属冯诩郡，唐朝属关内道同州。

❷ 陆耀遹：《金石续编》卷三《栖岩道场舍利塔碑》，台北：艺文印书馆，1966 年影印本。

❸ 释道世：《法苑珠林》卷一二〇《传记篇·兴福部》，北宋宣和三年刻本。

❹ 魏征等：《隋书》卷二《高祖纪下》，北京：中华书局，1973 年点校本，第 45–46 页。

幼年经历密切相关。他优待少林寺绝非一时心血来潮，而是有着特定的历史原因。

隋炀帝也笃信佛教，他为晋王时，在扬州金城设千僧会，延请天台智𫖮大师，智𫖮大师为他授菩萨戒，法号"总持菩萨"。❶隋炀帝继位后，在长安为孝文皇帝献皇后造二座"禅定"（疑为"禅寺"），两座木佛塔，并立10座别寺，由政府供给10年。修故佛经612藏29 172部，修旧佛像101 000尊，造新佛像3850尊，度僧人6200名。据统计，隋文帝和隋炀帝共修建寺院3985座，度僧尼236 200人，翻译佛经82部。❷这样的崇佛社会环境极有利于嵩山少林寺和少林武术的发展。

嵩山少林寺与隋朝统治者关系密切，又有雄厚的财力，这为少林武术的发展提供了良好的条件，吸引许多人入寺出家。如江西泰和人马善通，他自幼习武，功夫超群。隋文帝开皇七年（587年），他在打抱不平时将知府之子拳打致死。之后，为躲避官府追捕，他逃奔少林寺藏匿为僧，法号子升。与此同时，富庶的少林寺也成为各种势力觊觎和攻打的对象。❸

隋炀帝登上皇位后，政治黑暗，生活奢靡，大兴土木，搜刮百姓。同时，为显示隋王朝的强盛与威名，他对周边各民族政权和番国或

---

❶ 隋炀帝：《天台山𫖮禅师所受菩萨戒文》，释道宣：《广弘明集》卷二七（上），四部丛刊景明本。

❷ 释道世：《法苑珠林》卷一二〇《传记篇·兴福部》，北宋宣和三年刻本。

❸ 李振亮，崔洪波：《少林武术发展史》，郑州：河南人民出版社，2019年版，第22页。

赏赐无度、挥金如土，或动辄征伐、穷兵黩武。在他统治的大业末年，政治更加腐败，战争不断，赋税徭役繁重，天灾人祸不断，社会矛盾激化，一时民不聊生，"父母不保其赤子，夫妻相弃于匡床"❶，"加以转输不息，徭役无期，士卒填沟壑，骸骨蔽原野。黄河之北，则千里无烟，江淮之间，则鞠为茂草"❷。活不下去的百姓被迫揭竿而起，奋起反抗，"于是始相聚为群盗"❸。河南一带的农民起义更是风起云涌，如火如荼。大业七年（611年），河南滑县人翟让起义于瓦岗寨。此外，附近还有诸如王当仁、王伯当、周文举、李公逸等人领导的小股起义军。后来，这些起义军纷纷加入瓦岗义军，以避免被隋军各个击破。李密等人也加入瓦岗军，他们连败隋军，越战越强。在发布的讨伐檄文中，他们声讨隋炀帝之罪恶道："罄南山之竹，书罪未穷；决东海之波，流恶难尽。"❹这喊出了广大百姓的心声，他们纷纷加入起义军，壮大了河南起义军。一时农民起义此起彼伏，天下大乱，群雄纷纷逐鹿中原。

众所周知，战乱对国家和百姓来说绝非福音，它使整个社会动荡不安，破坏社会经济，阻碍国家发展。而对于少林武术来说，战乱却为它的发展提供了契机。社会动荡不安，使不少寺院的僧人习武以保护寺院的财产，奋起进行自卫。隋代，郑州会善寺的僧人明

---

❶ 刘昫等：《旧唐书》卷五三《李密传》，北京：中华书局，1975年点校本。
❷ 魏徵等：《隋书》七〇《杨玄感传》，北京：中华书局，1973年点校本，第1617页。
❸ 司马光：《资治通鉴》卷一八一《隋纪五》，南宋绍兴二年至三年刻本。
❹ 刘昫等：《旧唐书》卷五三《李密传》，北京：中华书局，1975年点校本，第2215页。

恭武艺高强,"其力若神不可当者"❶。嵩山少林寺亦然。早在南北朝时,少林寺突破以修禅为主、练武为辅的局限,从众多僧人中选拔一些身强体壮、善于搏击械斗者,将他们组织起来操练武艺,以保护寺院的财产和安全,进行必要的自卫。武僧队伍管理严格,每日有专人率领他们练习武术和技击,进行严格训练。在长期的练武实践中,武僧的功夫日益提高。❷

隋炀帝大业末年,"九服分崩,群盗攻剽无限真俗"。嵩山少林寺也遭到"山贼"劫掠,"僧徒拒之",寺院僧人奋起抗拒进攻,被激怒的"山贼"索性纵火焚烧佛塔和少林寺院,一时寺院中的众多殿阁寮舍被烈火焚烧尽净,"院中众宇倏然同灭,瞻言灵塔(即跋陀遗身木塔——引者)岿然独存。天龙保持,山祇福护,神力所及"❸。"僧徒拒之"4个字,反映了少林寺僧人平日即习武,也表明带有僧兵性质的武装组织在隋末已露端倪。少林寺内的大量建筑毁于这场大火,俱化为灰烬,唯独跋陀的木制瞻言"灵塔"却似有神灵佑护一般,意外得以幸存。❹ 这次少林僧人武力抗拒"山贼"劫掠,使少林武术在实战中初试锋芒,开始为人所知。

此后,嵩山少林寺基于对自身生存和发展的考虑,在寺院中挑

---

❶ 释道宣:《续高僧传》卷三五《感通篇中·释明恭》,明万历十六年刻本。
❷ 刘亚轩:《少林寺与少林武术》,《中国城市经济》2011年第12期,第380页。
❸ 裴漼:《皇唐嵩岳少林寺碑》,叶封、施奕簪:《少林寺志》(不分卷)之《艺林·碑记》,清乾隆十三年刻本。
❹ 栗胜夫:《少林拳概述(一)》,《少林与太极》2019年第3期,第26页。

选身体强健、勇敢灵巧且又善于拳械格斗者,组成一支僧兵武装。他们习武成风,平时保护寺院,战时参与战事,促进了少林武术水平和影响力日益提高。至唐朝初年,少林寺已经拥有一支武艺高强的僧兵队伍。❶

## 第二节 唐初少林武术一鸣惊人

少林武术在隋朝末年"山贼"抄掠少林寺时初试身手,而一鸣惊人、扬名天下却是在唐朝初年。在大业末年天下大乱以后,隋炀帝的姨表兄太原留守李渊,也在儿子李建成、李世民、李元吉等人的支持下起兵,打出了反隋的旗号。李渊父子兼并了多股起义军后,势力越来越强,于是在武德元年(618年)建立了唐王朝,年号武德,定都长安(今陕西西安)。唐朝建立之初,政局并不稳定,尚未完成对全国的统一,中原仍然存在许多割据势力与之对峙。其中,以窦建德割据河北建立的"夏"、王世充割据洛阳建立的"郑"势力比较强大,严重威胁着新生的唐政权生存。此外,割据河北的刘黑闼、割据山东南部的徐圆朗和割据河北北部的高开道等建立的政权,也对唐政权造成不小的威胁。为了统一全国,在雄才大略、文武双全的秦王李世民指挥下,唐军开始了削平群雄的统一战争。因为嵩山少林寺在东都洛阳附近,地处"东京近甸,太室西偏,正气居六合

---

❶ 李振亮,崔洪波:《少林武术发展史》,郑州:河南人民出版社,2019年版,第22页。

之中，清都控九州之会"❶，地势险要，所以这一带成为唐军和王世充的郑军激烈争夺的重要地区。这种动荡的时局，为长期练习武艺的嵩山少林寺僧人提供了大显身手的机会。

唐高祖武德二年（619年），隋朝大将王世充拥兵在东都洛阳称帝，国号"郑"，并任命其侄子王仁则为大将军。王仁则率郑军占据嵩山少林寺的属地柏谷坞，建轘州城，以武力阻挡向东推进的秦王李世民统率的唐军，"乘其地险，以立峰戍，拥兵洛邑，将图梵宫"❷，觊觎嵩山少林寺。这不仅使少林寺失去了大量良田，而且僧人们安身立命的寺院也有被郑军占据之忧，侵犯了少林寺僧人们的切身利益，迫使他们不得不寻找机会铤而走险。武德三年（620年）七月，唐高祖李渊命大将军即其次子秦王李世民率军征讨王世充，消灭他建立的"郑"政权。秦王李世民受命后，统率唐军出潼关东下，进逼郑国都城洛阳，这是唐初统一战争中的关键一战。

进入中原地区后，秦王李世民统率唐军驻扎于今河南省荥阳市东北的广武山上，所谓"太宗文皇帝龙跃太原，军次广武"。广武山有东西二城，李世民指挥唐军驻扎于此处。王世充的侄子王仁则统率的郑军驻扎于轘州城，与唐军对峙。不久王世充又得到河北窦建德10万大军的驰援，力量大增。唐军连续强攻洛阳城9个月都失利，

---

❶ 裴漼：《皇唐嵩岳少林寺碑》，叶封、施奕簪：《少林寺志》（不分卷）之《艺林·碑记》，清乾隆十三年刻本。

❷ 同❶。

毫无进展,一时与郑军在洛阳附近陷入胶着状态。❶当时的形势是李世民与联合王世充夹击唐军的窦建德部对峙于虎牢关;李渊的三子齐王李元吉在洛阳与王世充初次交锋失利,行军总管卢君谔战死;突厥也趁火打劫,在边境不断侵扰唐朝,乘机攻陷并州,俘获汉阳郡王李瓌等人,使唐王朝有后顾之忧,唐军可谓处境险恶,十分被动。❷

如前所述,因为王世充的侄子王仁则侵占嵩山少林寺的封地柏谷坞,觊觎此寺院,引起少林寺僧人不满,于是在唐军和本寺自身处境不利的紧要关头,少林寺上座善护,寺主志操、都维那惠玚、寺僧昙宗等13位武僧奋起武力反抗,"审灵眷之所往,辨讴歌之有属,率众以拒伪师,抗表以明大顺"❸,于唐高祖武德四年(621年)四月二十七日在轘州城司马赵孝宰等人秘密配合下,率领众人进入城内奇袭郑军,在擒获郑军主帅王仁则之后,又翻越轘州城将王氏献给唐军。在主帅王仁则被少林武僧擒获献给唐军后,郑军群龙无首,溃不成军,唐军则士气大振,趁机进攻,终于反败为胜,占领了军事要塞轘州城,❹从而加速了王世充所建"郑"政权的败亡。循之常理,作为郑军的主帅,王仁则应有相当高的武艺,少林寺僧

---

❶ 裴漼:《皇唐嵩岳少林寺碑》,叶封,施奕簪:《少林寺志》(不分卷)之《艺林·碑记》,清乾隆十三年刻本。
❷ 欧阳修:《新唐书》卷二《太宗本纪》,北京:中华书局,1975年点校本,第12页。
❸ 同❶。
❹ 同❶。

人能够轻易地在众多如狼似虎、身手不凡的护卫中将他擒获，而后翻越辕州城池献给唐军，不难想象，他们如果没有相当高超的武功，要做到这一点是不可能的。不久，志操、惠玚、昙宗等少林武僧又帮助唐军攻破洛阳城，生擒窦建德，迫使黔驴技穷的王世充献出东都洛阳，向唐军投降。❶可以说，少林寺武僧为唐王朝统一全国立下了特殊的功勋。所谓"若乃应天顺人，擒盗助信，摧魔军于充斥，保净土于昏霾，此又昭彰于我唐也"❷。这次帮助唐军作战的少林寺僧人有上座善护、寺主志操、都维那惠玚、大将军僧昙宗，以及本寺僧人普惠、明嵩、灵宪等人。❸为此，秦王李世民赐予少林寺《告柏谷坞少林寺上座书》，以示褒奖：

> 太尉、尚书令、陕东道益州道行台、雍州牧、左右武侯、大将军、使持节凉州总管、上柱国、秦王世民，告柏谷坞少林寺上座寺主以下徒众及军民首领士庶等。比者天下丧乱，万方乏主，世界倾沦，三乘道绝，遂使阎浮荡覆，戎马载驰，神州糜沸，群魔竞起。我国家膺图受箓，护持正谛，驭象飞轮，光临大宝，故能德通黎首，化阐锱林。既沐来苏之恩，俱承彼岸之惠。王世充叨窃非据，敢逆天常，窥觎法境，肆行悖业。慧

---

❶ 刘昫等：《旧唐书》卷一《高祖本纪》，北京：中华书局，1975年点校本，第12页。
❷ 顾少连：《少林寺厨库记》，叶封、施奕簪：《少林寺志》(不分卷) 之《艺林·碑记》，清乾隆十三年刻本。
❸ 《太宗文皇帝御书碑之二》，释永信：《中国少林寺（碑刻卷）》，北京：中华书局，2003年版，第22页。

炬照临，开八正之途，复九禹之迹。法师等并能深悟机变，早识妙因，克建嘉猷，同归福地，擒彼凶孽，廓兹净土。奉顺输忠之效方着阙廷，证果修真之道更弘像观。闻以欣向，不可思议；供养优赏，理殊恒数。今东都危急，旦夕殄除。并宜勉终茂功，以垂令范，各安旧业，永保休佑。故遣上柱国德广郡开国公安远往彼指宣所怀。可令一二首领立功者来此相见，不复多悉。

四月三十日 ❶

在我国古代，皇帝下旨为"制""诏""诰""册""敕""谕"等，诸王下旨为"教"。武德四年（621年），李世民还是秦王，所以他给少林寺的这封书信称为"教书"，而不是"诏书"。少林寺13位武僧秉持"时危聊作将，事定复为僧"❷的理念，表示"僧等止愿出家，行道礼拜，仰报国恩，不取官位"❸，仅寺僧昙宗蒙授"大将军"的称号，其余僧人皆坚决不接受官爵，仅接受一件紫罗袈裟。❹而参加此次行动立功的轘州城司马赵孝宰蒙授上开府，李昌运蒙授仪同

---

❶ 《大唐太宗文武圣皇帝龙潜教书碑》，释永信：《中国少林寺（碑刻卷）》，北京：中华书局，2003年版，第10页。按：此碑又名《告柏谷坞少林寺上座书碑》《唐太宗赐少林寺教书碑》。

❷ 脱脱等：《宋史》卷四五五《忠义传十·莫谦之》，北京：中华书局，1977年版，第13382页。

❸ 董浩：《全唐文》卷九八六《阙名·少林寺准勅改正赐田牒（贞观六年六月）》，清嘉庆内府刻本。

❹ 田雯：《游少林寺记》，王锡祺：《小方壶舆地丛抄》第4帙，上海：著易堂，清光绪十七年刊本。

身。❶此后，唐王朝"嘉其义烈，频降玺书宣慰，即奉优教，兼承宠锡"，多次对嵩山少林寺大加褒奖，并于武德八年（625年）"赐地卌顷，水碾一具，即柏谷庄是也"❷。从此，少林武术名扬天下，少林寺僧人练武成风，他们"昼习经曲，夜练武略，修文不忘武备"❸。少林寺僧人将习武与实战结合起来，所谓"梵宇称奇绝，山僧负胜名。谈玄更演武，礼佛爱论兵。勇冠三军气，心雄万夫英。中原飞羽檄，借尔戮长鲸"❹。明人徐学谟的《少林寺诗》有"怪得僧徒偏好武，昙宗曾拜大将军"，道出了少林寺众多僧人练武的直接动机。

唐王朝统一全国后，唐高祖武德年间，"迨海寓既平，宪章云始，伪主寺观，尽令废除"❺。嵩山少林寺原来位于王世充建立的"郑"国境内，属其政权管辖，是名副其实的"伪主寺观"，按规定也在被废除之列。而因为少林寺僧人在唐初有帮助秦王李世民擒获王世充的侄儿王仁则的"翻城之功"，寺僧善护遂远赴都城长安"诣阙进表"，恳切陈诉嵩山少林寺昔日有殊勋，不应该被废除的原委，终于获得唐王朝的谅解，网开一面，这座寺院才"特蒙置立"，幸

---

❶ 脱脱等：《宋史》卷四五五《忠义传十·莫谦之》，北京：中华书局，1977年版，第13382页。
❷ 裴漼：《皇唐嵩岳少林寺碑》，叶封，施奕簪：《少林寺志》（不分卷）之《艺林·碑记》，清乾隆十三年刻本。
❸ 参见嵩山少林寺存道光二十六年立《西来堂志善碑》。
❹ 周易：《入少林寺》，叶封，施奕簪：《少林寺志》（不分卷）之《艺林·五言律诗》，清乾隆十三年刻本。
❺ 同❷。

运逃过一劫。❶

　　经过"贞观之治",长期稳定的社会环境和少林寺自身特殊的政治地位,使嵩山少林寺渐趋繁荣。因为唐朝统治者特许少林寺设立盘营训养僧兵,这些僧兵的粮饷全部由唐王朝提供,当时,寺院内的房屋多达5000余间,僧徒有1800多名。❷由上可见,唐王朝与嵩山少林寺的关系确实非同一般,这种友好关系为少林武术的发展提供了极为有利的政治条件。而唐王朝赐予嵩山少林寺40顷土地,并准予其拥有僧兵,使少林武术拥有了稳定发展的条件,器械武术日趋多样化,武僧来源有了保障,可以安心练习武术。少林武术以棍闻名天下,对于刀、枪、剑及许多兵器的习练,如果仅依靠流落于少林的民间武术家进行传授,而没有大量僧兵出现,少林武术的发展势必会大受影响。

　　少林武术套路众多,体系庞大,需要大量人员从事这些武术的练习。据释永信《禅露集》介绍,少林武术套路原有708套,其中拳术和器械有552套,另外还有少林72绝技、擒拿、格斗、卸骨、点穴、气功等各类功法156套。现在流传下来的少林武术套路有200余套,其中拳术100余套,器械80余套,对练等其他功法数十余套路。这些套路武术的传习,需要大量人员。嵩山少林寺被允许拥

---

❶　裴漼:《皇唐嵩岳少林寺碑》,叶封,施奕簪:《少林寺志》(不分卷)之《艺林·碑记》,清乾隆十三年刻本。

❷　《建筑师》编辑部:《古建筑浏览指南二》,无谷,刘志学:《少林寺资料集》,北京:书目文献出版社,1982年版,第5页。

有僧兵，不仅使此寺院僧人习武和拥有装备合法化，而且在寺院内出现了一批专职练武的僧人。这样就为少林僧人更好地研究、创新武术提供了客观条件，也为少林武术传承提供了人员保证。少林僧兵的建立，使少林僧人对少林武术的创编及改进更贴近实战搏斗，也有更多的机会把一些用于战场厮杀的器械练习方法吸收进来，少林武术的器械武艺在此基础上不断发展壮大。❶

## 第三节 "十三棍僧救唐王"与"少林武僧助秦王"之辨

长期以来，在民间广泛流传着"十三棍僧救唐王"的传说。其大意是说在隋朝末年，王世充、王仁则叔侄率兵与唐军对垒于洛阳附近，王仁则的手下抓获一个郎中，怀疑他是唐军派来的奸细，而这个郎中其实就是乔装改扮侦察敌情的唐王李世民。李世民被抓时失落玉玺，此玉玺辗转被少林武僧智守得到，他认出上面"李世民"3个字后，断定李世民身陷囹圄，危在旦夕。嵩山少林寺13名武僧商议后，决定营救李世民，他们设法混进王仁则大营所在的洛阳城后，经过数番血战，终于救出李世民，并生擒王仁则献于唐军。❷少

---

❶ 李春龙，张铁钢：《浅析少林武术的形成过程》，《搏击·武术科学》2010年第1期，第39页。
❷ 程大力，张卓：《少林寺"十三棍僧救唐王"详考》，《成都体育学院学报》2007年第1期，第46页。

林武僧救助李世民,是少林武术得以声名远扬的一个重要因素。少林武僧昙宗、志操、惠玚等13人,不但救了李世民,而且还帮助他打败了王世充。李世民亲眼见证了少林武术的高超,在登基后,他准许少林寺成立僧兵队伍。自此以后,少林僧兵经常参与国事,保家卫国。

考诸相关史籍和碑刻,无论《隋书》《新唐书》《旧唐书》等关于隋末唐初史实的史书,抑或嵩山少林寺存李世民的《大唐太宗文武圣皇帝龙潜教书碑》、裴漼所撰《皇唐嵩岳少林寺碑》《少林寺牒》与《少林寺准敕改正赐田牒》等碑刻,皆无言及少林寺僧人救唐王之事的文字。我们先看《旧唐书》中关于李世民与王世充在洛阳附近作战的详细记载:

(武德三年)七月,总率诸军攻王世充于洛邑,师次谷州。……出轘辕道,安抚其众,荥、汴、洧、豫九州相继来降,世充遂求救于窦建德。四年二月,又进屯青城宫。营垒未立,世充众二万自方诸门临谷水而阵。太宗以精骑阵于北邙山,令屈突通率步卒五千渡水以击之。因诫通曰:"待兵交即放烟,吾当率骑军南下。"兵才接,太宗以骑冲之,挺身先进,与通表里相应。贼众殊死战,散而复合者数焉。自辰及午,贼众始退。纵兵乘之,俘斩八千人。于是进营城下,世充不敢复出,但婴城自守,以待建德之援。太宗遣诸军掘堑,匝布长围以守之。吴王杜伏威遣其将陈正通、徐召宗率精兵二千来会于军所。

伪郑州司马沈悦以武牢降,将军王君廓应之,擒其伪荆王王行本。……通又请解围就险以候其变,太宗不许。于是留通辅齐王元吉以围世充,亲率步骑三千五百人趣武牢。

建德自荥阳西上,筑垒于板渚,太宗屯武牢,相持二十余日。谍者曰:"建德伺官军刍尽,候牧马于河北,因将袭武牢。"太宗知其谋,遂牧马河北以诱之。诘朝,建德果悉众而至,陈兵汜水。世充将郭士衡阵于其南,绵亘数里鼓噪,诸将大惧。太宗将数骑,升高丘以望之,谓诸将曰:"贼起山东,未见大敌。今度险而嚣,是无政令;逼城而阵,有轻我心。我按兵不出,彼乃气衰,阵久卒饥,必将自退,追而击之,无往不克。吾与公等约,必以午时后破之。"建德列阵自辰至午,兵士饥倦,皆坐列,又争饮水,逡巡敛退。太宗曰:"可击矣。"亲率轻骑追而诱之,众继至。建德回师,而阵未及整列,太宗先登击之,所向皆靡。俄而众军合战,嚣尘四起。太宗率史大奈、程咬金、秦叔宝、宇文歆等挥幡而入,直突出其阵后,张我旗帜。贼顾见之,大溃。追奔三十里,斩首三千余级,虏其众五万,生擒建德于阵。❶

细读这段记载可以发现,其间根本没有叙述少林寺武僧救唐王之事。而窦建德和王世充的结局皆不妙,武德四年(621年)七月"甲子,秦王凯旋,献俘于太庙。丁卯……斩窦建德于市,流王世充

---

❶ 刘昫等:《旧唐书》卷二《太宗本纪上》,北京:中华书局,1975年点校本,第15—16页。

于蜀，未发，为仇人所害"❶。

我们再看少林寺碑刻关于李世民和王世充作战的记载，其中最权威的莫过前文所引秦王李世民赐嵩山少林寺《告柏谷坞少林寺上座书》。

此碑刻全文皆为楷书，唯有"世民"二字是行草，格外引人注目。据说这是李世民的亲笔。对此，明天启元年（1621年）八月安世凤的《谕少林檄》说：

> 尝读《唐高祖起居注》一卷，乃其兴亡之初，立国规模犁然具在。三代久远，其图王肇基不过如此。英雄心事，千古依上，令人生叹。今观秦王谕少林檄，何其克肖也！抚顺奖忠，开诚布惠，使听者神驰，归者志台，载在《尚书・谟训・诰誓》，何以加焉！唐之统一裔夏，非偶然也。此虽军中人士所书，而世民二字乃秦王所押，不待御极以后搜致诸名书，而雄规固不同矣，惜明皇七字存无几耳！❷

天启五年（1625年）正月三日，安世凤又写下《喻少林檄》道：

> 尝读初唐《起居注》，不但兵以抉立为名，其义甚正，即其用师附众，凡所以崇有德，尊高年，弛苑囿，放宫人，去虐政，散积滞，无不可以系归向之心，兴僚后之望。三代之王也，其施设亦不过如此，宜其一朝而定大业也。今观太宗《喻少林僧

---

❶ 刘昫等：《旧唐书》卷一《高祖本纪》，北京：中华书局，1975年点校本，第7页。
❷ 安世凤：《墨林快事》卷五《谕少林檄》，清雍正三年抄本。

众檄》，谦冲和易，宛然父子之亲，朋友之信，亲书其名，全无少年英锐之色，则其一举而擒二天子，岂恃天幸而已哉！后人高三王而卑汉唐，言之可听，欲收人心于未帖，而挽民志于已。虽当如抟沙鬐水，必不得之数矣。❶

我们深入剖析李世民的"教文"，可以发现以下几个问题。

其一，在教文中李世民是"秦王"，而"十三棍僧救唐王"的传说则将李世民称为"唐王"，出入颇大。唐是古国名，也是地名，大致位于今山西南部临汾一带。李世民的曾祖父李虎官至太尉，为西魏的八个柱国之一，死后被追封为"唐国公"，后由其子李昺袭封。李昺之子李渊亦袭封唐国公。后来，李渊因替隋王朝从农民起义军手中夺回长安，因功而进封为唐王。李渊称帝后，国号也沿用为唐。显然，唐王是李世民之父李渊，并不是李世民。而因为帝、王两字经常合用，加之李世民后来成为唐朝皇帝，民间称他为唐王不足为怪。

其二，"教书"的内容显示帮助唐军的并不限于少林寺僧人，还有"军民首领士庶"等许多军人和老百姓参加。但是，"教书"中首先提到"少林寺上座寺主"和"法师"，说明少林寺僧人在这次行动中发挥了组织领导和骨干作用。

其三，"教书"中仅提到"上座寺主""法师""军民""士庶"，只字未提及诸如"武僧""棍僧"等，也未提到少林寺僧人会武艺。

---

❶ 安世凤：《墨林快事》卷五《谕少林檄》，清雍正三年抄本。

尽管如此，在冷兵器时代，少林僧人能够在大军中"擒彼凶孽"，显示了他们绝非等闲之辈，应当有一定的军事技术基础。

其四，"教书"中提到了这次行动的功劳之一是"擒彼凶孽"，此凶孽显然就是王世充的侄子王仁则。但文中没有提到这次行动救过李世民。如果真的救过李世民，他对此救命之恩应该有所提及。加之最后一句"可令一二首领立功者，来此相见，不复多悉"，李世民的口气完全是统治者居高临下的命令语气，并没有面对救命恩人应该有的感恩和恭敬态度。

李世民下发给少林寺的"教书"距寺僧擒获王仁则不到一个月时间，如果寺僧果真救过他的性命，难道他会如此健忘，在文中对此事只字不提，而且口气盛气凌人？究其原委，这不外乎两种可能：一是他故意避讳这件让自己大失颜面的事，二是根本就没有发生过这件事。❶

我们再看裴漼所撰《皇唐嵩岳少林寺碑》，碑文是一篇约3000字的长文。文中首先叙述少林寺自跋陀开创以来的光辉历史，然后描绘少林寺的山川形胜，歌颂唐朝帝王功德和佛法无边，随后说：

> 寺西北五十里有柏谷墅，群峰合沓，深谷逶迤，复磴缘云，俯窥龙界，高顶佛日，傍临鸟道，居晋成坞，在齐为郡。王（缺"世"字——引者）充僭号，署曰辕州（当为"轘"——引者），

---

❶ 程大力，张卓：《少林寺"十三棍僧救唐王"详考》，《成都体育学院学报》2007年第1期，第46—50页。

乘其地险，以立峰戍，拥兵洛邑，将图梵宫。

皇唐应五运之休期，受千龄之景命，扫长蛇荐食之患，拯生人涂炭之灾。太宗文皇帝龙跃太原，军次广武，大开幕府，躬践戎行。僧志操、惠玚、昙宗等审灵眷之所往，辨讴歌之有属，率众以拒伪师，抗表以明大顺，执充侄仁则以归本朝。太宗嘉其义烈，频降玺书宣慰。既奉优教，兼承宠锡，赐地四十顷，水碾一具，即柏谷庄是也。❶

以上是关于"十三棍僧救唐王"最详细的记录，文中只提到擒获王世充的侄子王仁则归顺唐朝一事，却只字未提少林僧人救过秦王李世民。而唐德宗时的吏部侍郎顾少连所撰《少林寺厨库记》则说："少林寺者……若乃应天顺人，擒盗助信，摧魔军于充斥，保净土于昏霾，此又昭彰于我唐也。"❷其也根本未提及嵩山少林寺僧人救李世民之事。

而少林寺牒则列出了帮助唐军的少林寺僧人名字："少林寺百（"百"当为"柏"——引者）谷庄立功僧名：上座僧善护,寺主僧志操,都维那僧惠玚,大将军僧昙宗,同立功僧普惠、明嵩、灵宪、普胜、智守、道广、智兴、满、丰。"❸加在一起恰好有13名僧人，这可能

---

❶ 裴漼：《皇唐嵩岳少林寺碑》，叶封，施奕簪：《少林寺志》（不分卷）之《艺林·碑记》，清乾隆十三年刻本。

❷ 顾少连：《少林寺厨库记》，叶封，施奕簪：《少林寺志》（不分卷）之《艺林·碑记》，清乾隆十三年刻本。

❸ 景日昣：《说嵩》卷一四《金石·少林寺牒》，清康熙六十年刻本。

是"十三棍僧救唐王"的最初蓝本。

从现在掌握的历史资料可以发现,"十三棍僧救唐王"为民间所附会,而少林寺13名僧人帮助唐军则是历史事实,但其中并无"棍僧"和"武术"的记载。确切地讲,应该是"十三僧人助秦王"或"少林寺十三僧助唐军",而不是"十三棍僧救唐王"。尽管如此,这一事件说明毕竟有战场上的厮杀场面,从这一点讲,说明这件事与少林武术和少林武僧有一定关联。诚如有的学者所说:"第一,它为少林寺参与政治与军事开创了传统,这种传统会带来广泛深远的影响,甚至影响到少林武术、少林武僧的诞生和创立;第二,它会在少林武术、少林武僧产生后,成为少林武术、少林武僧信仰偶像体系选择的必然方向。"❶

"十三僧人助秦王"或"少林寺十三僧助唐军"成为后人歌咏的题材。如明朝万历年间,登封知县傅梅在《过少林寺》诗中写道:"二室巉岏一径通,少林寺在翠微中。地从梁魏标灵异,僧自隋唐好武功。"❷万历年间的进士徐学谟在其《少林杂诗》中也写道:"名香古殿自氤氲,舞剑挥戈送落曛。怪得僧徒偏好武,昙宗曾拜大将军。"❸万历年间,在河南任职的王世性对少林寺僧助唐评论说:"少

---

❶ 程大力,张卓:《少林寺"十三棍僧救唐王"详考》,《成都体育学院学报》2007年第1期,第50页。

❷ 傅梅:《过少林》,傅梅:《嵩书》卷一六《七言古诗》,明万历四十年刻本。

❸ 徐学谟:《少林杂诗》,景日昣:《说嵩》卷三一《风什四》,清康熙六十年刻本。

林寺八百余僧,自唐太宗退王世充,赐昙宗官,僧各习武艺俱绝。"❶ 这些文字描述了嵩山少林寺僧人自隋末即与武事存在联系,论及习武的场面及武僧制度,但没有任何与"十三棍僧救唐王"有关的描写,唯有"少林寺僧人助唐军"而已。

---

❶ 王士性:《嵩游记》,傅梅:《嵩书》卷二二《章成篇四》,明万历四十年刻本。

# 第三章　五代宋金元时期少林武术初步发展

中原地区四通八达，自古即有"逐鹿中原""问鼎中原""得中原者得天下"之说。五代宋金元时期，各政权的统治者大多有统一全国的雄心壮志，率兵进军中原，以实现统一全国的目标。在占据中原之后，统治者很重视对这一带的经营，为巩固自己的统治，也非常重视这一带寺院的发展，这促进了嵩山少林寺和少林武术的初步发展。

## 第一节　五代宋金少林武术的初步发展

自唐代初年少林武术扬名天下以后，嵩山少林寺成了全国武林豪杰向往的武术圣地，同时，随着武术切磋交流的深入，嵩山少林寺逐渐成了中国武术重要的技术和理论集散地。

五代十国时，自唐朝后期开始的藩镇割据越演越烈，群雄竞起，战乱不休，政权更迭频繁，动荡的社会为少林武术提供了用武之地。

北宋时期，随着嵩山少林寺"禅宗祖庭"地位的确立，这座寺院成为弘扬禅宗佛法的圣地，不少文人墨客皆至嵩山少林寺学习禅宗佛法。而北宋王朝实施"尚文抑武、以文治兵"的政策，这种政策导向使社会上的尚武风气逐渐趋弱，许多人纷纷弃武从文，以习武为耻，为此许多少林僧人对于弘扬佛法的热情远远高于习武练拳的热情。❶尽管如此，少林武术并没有停止发展与传播的步伐。北宋初年，嵩山少林寺高僧福居曾经邀集全国18家武术高手会于寺院中切磋武艺，最后他对这次盛会进行总结，吸取各家之精髓，悉心钻研，历时3年，终于汇集成册。这18家武术精华是"以太祖长拳起手"❷。福居所编之书就是著名的《少林拳谱》，他将少林武术进行了理论化。这本书的主要内容包括三个方面：其一，行动积力；其二，推送沙袋，操练拳掌；其三，演练诸家拳术并创编多路拳法。福居要求少林寺武僧勤学苦练时，将这些内容贯通其中。❸而北宋中期，毕昇发明的活字印刷技术已经日益普及，使这一理论成果大量印刷面世成为可能。少林武术理论的总结与出版对少林武术传播、发展的促进作用不言而喻。

关于宋金时期嵩山少林寺僧人习武的情况鲜有史籍记载，尽管如此，我们仍然可以从一幅金代石板线刻"妙色那罗延执金刚神"

---

❶ 于璨：《少林武术的历史发展进程研究》，《武术研究》2018年第6期，第14页。
❷ 赵宝俊：《少林寺》，上海：上海人民出版社，1982年版，第74页。
❸ 张国臣：《中国少林文化学》，郑州：河南人民出版社，1999年版，第406页。

画中得到一些间接信息。在嵩山少林寺内，有一块高68厘米、宽38厘米的"妙色那罗延执金刚神"刻石，此金刚神像双手握一根雕满花纹的金刚杵，裸胸跣足，赤脚站立在山岩之上。在"妙色那罗延执金刚神"像上方有题词，其内容为：

> 妙色那罗延执金刚神天身吉祥无边力印。先须安净身心坐定，以两手四指向掌内交叉，仰掌向上，指亦向上，直树二大拇指，各附二食指侧，大拇指来去，咒曰：跢妃佗一唒三，那罗延提婆斯三，讫柳，□虚挈□，讫柳，嘘挈□，莎诃□。经云：此神即观音示现，若人尽心供养，持此印咒，则增长身力，无愿不获，灵验颇多，罔能具说。以灵验故，学其印、求其咒、模其像者多，故立石以广其传。
>
> 住持少林祖端重上石。❶

这块"妙色那罗延执金刚神"刻石是金代嵩山少林寺住持祖端所立，他住持此寺院长达15年之久。据佛教经典说，那罗延是天上的一位大力神，他满头红发，浑身青色，手持武器"轮宝"或"金棒"，乘大鹏金翅，"欲求多力者，承事供养。若精诚祈祷，多获神力也"❷。住持祖端率僧众在嵩山少林寺内供养那罗延神，显然是为了使他们"增长身力""多获神力"。当时兵荒马乱，寺院僧人为了安全，

---

❶ 祖端：《妙色那罗延执金刚神画像碑》，释永信：《中国少林寺（碑刻卷）》，北京：中华书局，2003年版，第68页。

❷ 温玉成：《少林武术发展史略》，《少林与太极》2020第8期，第40–41页。

纷纷习武，保持尚武精神，以暴制暴，用武力自卫保障寺院和僧人的安全。

北宋后期，金兵南侵，中原战乱不休，生灵涂炭，部分僧人秉持"保邦靖世即传灯"的理念，纷纷从军，以所习武艺报效国家，参加了抗金战争。例如，靖康元年（1126年），僧人赵宗印即率领僧兵跟随陕西宣抚使范致虚赶赴京师开封英勇抗金。对于此事，《宋史》之《范致虚传》详细记述说：

> 有僧赵宗印者，喜谈兵，席益荐之致虚，以便宜假官，俾充宣抚司参议官，兼节制军马。致虚以大军遵陆，宗印以舟师趋西京（即洛阳——引者）。金人破京师（时为靖康元年十一月廿五日——引者），遣人持"登城不下"之诏以止入援之师，致虚斩之。初，金人守潼关，致虚夺之。作长城，起潼关，迄龙门（陕西韩城），所筑仅及肩。宗印又以僧为军，号"尊胜队"；童子行为一军，号"净胜队"。致虚勇而无谋，委己以听宗印。宗印徒大言，实未尝知兵。至是，宗印舟师至三门津，致虚使整兵出潼关。金守臣高世由谓其帅粘罕曰："致虚儒者，不知兵，遣斥候三千自足杀之。"致虚军出武关，至邓州千秋镇，金将娄宿以精骑冲之，不战而溃，死者过半。杜常、夏俶先遁，致虚斩之。孙昭远、王似、王倚等留陕府，致虚收余兵入潼关。方致虚之鼓行出关也，禅将李彦仙曰："行者利速，多为支军则舍，不至淹败，不至覆。若众群聚而出殽渑，一蹶于险，则皆溃矣。"

致虚不听，遂底于败。高宗即位，言者论其逗挠不进，徙知邓州。寻加观文殿学士，复知京兆府。致虚力辞，而荐席益、李弥大、唐重自代。诏以重守京兆，致虚复知邓州。次年，宗印领兵出武关与致虚合，会金将银朱兵压境，致虚遁，宗印兵不战走，转运使刘汲力战死焉。致虚坐落职，责授安远军节度副使，英州安置。高宗幸建康，召复资政殿学士，知鼎州，行至巴陵卒，赠银青光禄大夫。❶

"尊胜队"和"净胜队"这两支僧兵，为抗金而转战于潼关、洛阳、武关等地，后来战败撤往南方。《宋史》虽然没有载明赵宗印率领的两支僧兵"尊胜队"和"净胜队"的来源，但如下文所述，北宋朝廷一向与嵩山少林寺交往密切，关系融洽。因此，在北宋王朝亡国前后，无论出于报国大义，还是基于报恩之情，嵩山少林寺的武僧和其他寺院中身怀少林武艺的僧人挺身而出，英勇抗击金兵是完全有可能的。

北宋时，有不少官员到过嵩山少林寺，并留下大量墨宝宏文。这方面的事例俯拾皆是。如宋神宗时，保平军节度使、同中书门下平章事、判大名府兼北京留守司事、潞国公文彦博赋诗《宿少林寺》道：

---

❶ 脱脱等：《宋史》卷三六二《范致虚传》，北京：中华书局，1977年，第11328–11329页。

> 六六仙峰绕佛居，俗尘至此暂销除。
> 西来未悟禅师意，北去还驰使者车。
> 五品封槐今尚在，九年面壁昔何如。
> 心知一宿犹难觉，花藏重寻贝叶书。

当时文彦博刚受命驻守今河南登封市一带，所谓"予方受命移守此都"，不久即在少林寺中赋此诗。宋仁宗嘉祐五年（1060年）四月一日，河南府登封县、管勾崇福宫事燕若壮将这首诗刻于石碑上，立于嵩山少林寺内。❶宋神宗元丰七年（1084年）五月十四日，承议郎巡举牧马王彦辅游览少林寺，也赋诗一首，其诗颇有中唐诗人的风格：

> 天入千岩碧，林收曼古青。
> 静中深有境，险外绝无邻。
> 宦牒婴污色，禅关脱世尘。
> 安心无觅处，断臂为何人。❷

北宋朝廷除重建大雄宝殿之外，元符三年（1100年），宋徽宗下诏修治其父宋哲宗的泰陵，登封县令楼异随即请求龙图阁大学士、权知哲宗"山陵桥道顿递使"吴居厚，因余力修建达摩的"面壁兰若"，此即位于少林寺西北1千米处的"初祖庵"。❸此庵竣工后，

---

❶ 文彦博：《宿少林寺》，叶封：《嵩阳石刻集记》卷下《少林寺诗》，清康熙年间刻本。

❷ 王彦辅：《王彦辅诗书碑》，释永信：《中国少林寺（碑刻卷）》，北京：中华书局，2003年版，第34页。

❸ 温玉成：《少林访古》，天津：百花文艺出版社，1999年版，第167、175页。

由权倾朝野的太师、鲁国公蔡京为之题词"面壁之塔"。宋徽宗宣和四年（1122年）八月，由资政殿学士、河南尹范致虚将蔡京所书的这四个字刻于石碑上，立于少林寺中。❶宋徽宗统治时，一向以居官清廉著称的蔡京胞弟蔡卞，也曾经为嵩山少林寺题词"达摩面壁之庵"，由寺院住持法海大师智通将这6个字镌刻于石上，立于寺中。❷

以上这些文献表明，诸如文彦博、王彦辅、楼异、蔡京、蔡卞、范致虚等北宋官员与嵩山少林寺僧人多有来往。因此，在北宋亡国前后，无论出于报国大义，还是基于报恩之情，嵩山少林寺的武僧们英勇抗击金兵是完全有可能的。

金元之际，少林寺高僧觉远上人在洛阳遇到民间武术名家白玉峰，于是邀请他同入嵩山少林寺切磋武艺，将少林拳由18手发展成为72手，进而再从72手演化为龙、虎、豹、蛇、鹤5种拳法，❸将少林武术推进了一大步。

## 第二节　元代少林武术发展受阻

元朝是由中国北方少数民族蒙古族创建的政权，元统治者虽然

---

❶ 范致虚：《蔡京书"面壁之塔"碑》，释永信：《中国少林寺（碑刻卷）》，北京：中华书局，2003年版，第44页。

❷ 《蔡卞书"达摩面壁之庵"碑》，释永信：《中国少林寺（碑刻卷）》，北京：中华书局，2003年版，第46页。

❸ 赵宝俊：《少林寺》，上海：上海人民出版社，1982年版，第74页。

崇尚佛教，却忌惮并压制嵩山少林寺武装力量的发展。元代，基于巩固统治的考虑，统治者多次严厉地申明民间私自铸造和持有兵器之禁：

> （世祖中统）四年二月，诏诸路置局造军器，私造者处死，民间所有，不输官者，与私造同。……武宗至大三年三月，申严汉人军器之禁。至泰定帝泰定二年七月，申禁汉人藏执兵杖，……英宗至治二年正月，禁汉人执兵器出猎及习武艺。……顺帝至元三年四月，禁汉人、南人、高丽人不得执持军器。至五年四月，又申其禁。❶

为了防止广大人民起来反抗，元朝统治者严厉禁止民间收藏兵器，规定民间持有兵器者，必须将兵器输送官府。否则，与私造者同罪论死。禁令对汉人尤为严厉，对以武勇名天下的嵩山少林寺僧徒自然不能例外。故而，在元代少林武术长期没有起色乃势之必然。然而，由于木棍并不在禁令之列，于是少林寺僧人潜心于发展棍术。在元末，少林棍术已发展到相当高的程度。紧那罗王退巾军的神话应该是这一状况的曲折反映。

金、元两个王朝皆为少数民族建立的政权，统治者大多尊崇佛教。以元朝而言，由于实行民族分化和阶级压迫的政策，故而民族矛盾和阶级矛盾都异常复杂尖锐。为此，元朝统治者大力扶持宗教，

---

❶ 嵇璜等：《续文献通考》卷一三四《兵考》，清光绪二十七年铅印本。

对全真教和藏传佛教青眼有加。元世祖忽必烈把佛教定为国教，大力兴建寺庙，为佛教的发展奠定了基础。元至大年间，元武宗甚至特别规定："凡民殴西僧者，截其手；詈之者，断其舌。"❶

元朝统治者大兴佛事，营建寺观。据《元史》记载，仅元仁宗皇庆二年（1313年）二月，"各寺修佛事日用羊九千四百四十"❷只。延祐四年（1317年）的统计也证明了这一点：

> 每岁内廷佛事所供，其费以斤数者，用面四十三万九千五百，油七万九千、酥二万一千八百七十、蜜二万七千三百。❸

元朝统治者大肆佞佛，既耗费大量资财，又强令百姓疲于应役，劳民伤财，以致于有民不聊生之虞。元成宗大德七年（1303年），大臣郑介夫即在奏折中痛心疾首地尖锐抨击宗教势力膨胀带来的严重后果：

> 僧道词讼数倍民间，如奸盗杀人之事，彼皆有之矣！……僧道全免徭税，愚民多以财产托名诡寄，或全舍入常住，以求蔽役。驱国家之实利，归无用之空门。❹

总之，在元朝统治者的极力崇尚下，佛教势力发展很快。对于这一点，嵩山少林寺存《淳拙禅师道行之碑》记道：

> 元有天下几二百年，崇尚象教，度越前古。往往中原大僧

---

❶ 宋濂等：《元史》卷二〇二《释老列传》，北京：中华书局，1976年点校本，第4522页。
❷ 宋濂等：《元史》卷二四《仁宗本纪一》，北京：中华书局，1976年点校本，第555页。
❸ 宋濂等：《元史》卷二〇二《释老列传》，北京：中华书局，1976年点校本，第4523页。
❹ 杨士奇，黄维：《历代名臣奏议》卷六七《治道门》，明崇祯八年刻本。

得柄法于京刹者，封爵之贵，埒于王公，或位之以三司，阶之以一品。茜帽金襕，联镳属袂，出入内廷，何啻千百！❶

元末农民起义爆发后，红巾军除了沉重打击官僚地主外，也横扫严重膨胀的佛教势力，所遇寺刹，即行焚掠，所谓"海内名刹，焚毁殆尽"❷，"浮图氏之寺宇往往摧拉焚烧，作为狐兔之穴"❸。对于这一现象，明初大臣、在家崇信佛教的居士宋濂也惋惜地说：

> 夫自辛卯（即至正十一年——引者）兵变以来，江淮南北所谓名蓝望刹，多化为煨烬之区，而狐兔之迹交道，过其下者无不为之太息。❹

在元末兵燹长期摧残下，江淮南北不少著名佛寺化为一片废墟。由于与元朝统治者的关系密切，"禅宗祖庭"嵩山少林寺也遭到红巾军焚劫。❺元顺帝末年，颍州红巾军曾经攻打嵩山少林寺，遭到少林寺僧人的抗击。对于此事，《嵩书》记载道：

> 紧那罗者，西天菩萨也。至正初，忽有一僧至少林，蓬头

---

❶《淳拙禅师道行之碑》，释永信：《中国少林寺·碑刻卷》，北京：中华书局，2003年版，第110页。

❷ 山锡之：《重装佛像碑》，叶封、施奕簪：《少林寺志》（不分卷）之《艺林》，清乾隆十三年刻本。

❸ 危素：《危太仆文集续集》卷一《朝元阁记》，民国年间刊本。

❹ 宋濂：《宋文宪公全集》（又名《宋学士文集》）卷九《句容奉圣禅寺兴造碑铭》，上海：中华书局，1936年影四部备要本。

❺ 唐豪：《〈少林拳术秘诀〉考证》之《秘诀的棍法》，上海：上海市国术协进会，1941年版，第62页。

裸背，跣足，止着单裩，在厨中作务，数年殷勤，负薪执爨，朝暮寡言，暇则闭目打坐，人皆异之，而莫晓其姓名。至十一年辛卯（1351年——引者）三月二十六日，颍州红巾贼率众突至少林，欲行劫掠，此僧乃持一火棍而出，变形数十丈，独立高峰。贼众望见，惊怖而遁。僧大叫曰："吾紧那罗王也。"言讫遂没，人始知为菩萨化身也。众感其德，为塑像寺中，遂为少林护伽蓝神，至今灵异。❶

虽然紧那罗王显圣吓退红巾军是神话传说，不足为信，但是我们可以从中看出颍州红巾军确实攻打过嵩山少林寺，并且遭到此寺院僧人武力抵抗。紧那罗王执烧火棍惊退红巾军，应该是少林僧人手持棍棒奋起自卫的曲折反映。经此一战，少林棍术也一战成名。此外，这件事也反映了在元政府实行"禁武"政策下，嵩山少林寺没有大规模的习武之举，尤其是金属兵器习武受到阻碍，以致无法抵抗起义军的进攻，所以才产生了"紧那罗王"退红巾军护寺的传说。同时，这个神话通过描写紧那罗的棍术高超，也从侧面反映了少林武术虽然整体发展受阻，但是棍术仍然有一定程度的发展。

嵩山少林寺伽蓝殿中供奉的紧那罗王在少林僧众心中占据特殊的地位，紧那罗王被尊为"武圣"，为本寺护法之神，这与嵩山少林

---

❶ 傅梅：《嵩书》卷九《竺业篇·紧那罗》，明万历四十年刻本。按：关于元末红巾军攻打嵩山少林寺的时间，还有人认为是在元顺帝至正十六年（1356年）十一月，此说参见宋濂等：《元史》卷四四《顺帝本纪七》，北京：中华书局，1976年版，第932—933页。

寺崇尚武风的传统有关。自元代，嵩山少林寺僧人和武林诸士多尊其为"紧那罗王""少林棍法之主"。凡是至嵩山少林寺院学武的，无论拜谁为师，都要先拜紧那罗王，这已成为此寺的一项习武规矩。究竟是否有紧那罗王其人，他是否真的擅长棍法？对于这个问题，嵩山少林寺已故方丈行正，高僧德禅、素喜三人皆言紧那罗王是元代一名烧火僧人，俗名"许那罗"，河南偃师人，刀枪棍棒无不娴熟，留给后人的有《紧那罗兵法十五篇》。

## 第三节 元代少林武术远播日本

少林武术闻名遐迩，不但在国内广为传播，而且还走出国门，漂洋过海，东传日本。早在元代，日本佛教界就与嵩山少林寺有着密切往来，而最早将少林武术传播到日本的是日本僧人大智。他在嵩山少林寺苦练少林武术长达12年之久，归国后，将所学少林拳术和棍术悉数传授给众多弟子，此为少林武术传入日本之始。❶据记载，大智生于日本正应二年（1289年），肥后国宇土郡长崎（今日

---

❶ 石晴：《少林武术》，《中州今古》1984年第5期。无谷，刘志学：《少林寺资料集》，北京：书目文献出版社，1982年版，第15页。按：吕军宏认为，"关于少林武术在海外的传播，今盛传最早将少林武术传到国外的是元朝泰定时到中国学习禅法的日本僧人大智。查有关历史资料，未见大智将少林武术传到日本的确切记载，而且少林武术体系形成于明朝，故元代大智最早将少林武术传到日本之言，仅为传说，不足信。"参见吕宏军：《嵩山少林寺》，郑州：河南人民出版社，2002年版，第483页。今姑采前说。

本熊本县）人。他从小天资聪颖，立志事佛。他七岁出家，师从日本曹洞宗大本山永平三祖寒严义尹，寒严赐其法名"大智"。❶元仁宗延祐元年（1314年），大智来到中国，师从云外云岫、古林清茂、中峰明本、无见先睹等高僧参禅礼佛，从南到北巡访各地的曹洞宗祖迹。元泰定帝泰定元年（1324年），他由海路经高丽回国，在加贺国开创祗陀寺。❷另据日本"不动禅少林寺流拳法"联盟的内部资料记载，日本正和三年即元仁宗延祐元年（1314年），大智禅师渡海来到中国，十余年间，他学尽嵩山少林寺禅学、武学，之后归国。此后，他成为永平六祖、菊池氏的导师，为其拳法初祖。此联盟认为其"不动禅少林寺流拳法"源于中国河南嵩山少林寺，创始于元泰定二年（1325年），已经有近700年的传统和历史。❸大智在嵩山少林寺期间，参禅悟道，曾经驻足立雪庭，感念二祖慧能独臂求法的故事，于是有《雪中怀古》偈颂留世：

   满庭积雪白漫漫，已觉风威彻骨寒。

   良久无言重伫立，此心拟向那边安。

  大智在嵩山少林寺期间，师从惠矩和尚"习禅习武，学会了剑术、刀术、拳术和气功"❹。大智禅师于元泰定元年（1324年）

---

❶ 大野达之助：《日本佛教史词典》，东京：东京堂，1979年版，第325页。

❷ 日本古传正法不动禅少林寺流拳法联盟：《第28次关东地区联盟总部博龙馆千叶大会》报告，千叶：关东地区联盟总部，2016年。

❸ 水野弥穗子：《日本禅语录》卷九《大智》，东京：东京讲谈社，1978年版，第9—10页。

❹ 少室山人（释德虔）：《少林寺武术百科全书》（第一部），北京：京华出版社，1995年版，第39页。

归国，在日本传播少林武术。关于日本僧人大智在中国习武及归国后在日本传播少林武术的详细情况，可参阅何晓芳的《日僧大智东传少林武术研究》❶一文，在此不再赘述。

另一个将少林武术传到日本的是僧人邵元。邵元，号古源，日本福井县人，他于元泰定四年（1327年）来到中国，在中国各地游历多年之后进入嵩山少林寺。入寺后，他与息庵义让和菊庵法照两位禅师成了莫逆之交，并在息庵义让住持此寺期间（1336—1340年）担任寺院的书记僧。元顺帝至元二年（1336年），嵩山少林寺铸造了重650斤的大铁钟，铁钟除外壁铸有"嵩山祖庭大少林禅寺命工铸钟壹颗，重六佰五十斤，至元二年十月二十五日"几个字外，还铸有主持造钟的此寺院众执事人的法名，他们是住持沙门息庵、书记邵元、藏主元心、直岁觉明、副寺子端、知客子整、首座义照、官门子敬、提点子安、维那福显、监寺子羲等人。从人物排名的先后顺序来看，邵元的名字紧随住持息庵之后，可见其在嵩山少林寺内的地位之高。❷

后来，邵元禅师升任少林寺的"首座"，久居二祖庵。在息庵义让和菊庵法照圆寂后，邵元为二人撰写碑文。至今在嵩山少林寺的塔林中，还保存着邵元撰文书写的《息庵禅师道行之碑》和《照公

---

❶ 何晓芳：《日僧大智东传少林武术研究》，《体育研究与教育》2021年第2期，第63—72页。

❷ 参见嵩山少林寺存元顺帝至元二年（1336年）所铸大铁钟，此铁钟现悬挂于方丈室东侧檐下。

菊庵和尚塔铭》。1973年4月13日，郭沫若曾为此题诗《少林寺息庵碑》："息庵碑是邵元文，求法来唐不让仁。愿作典型千万代，相师相学倍相亲。"❶后来，邵元在元顺帝至正七年（1347年）东渡返回日本。此外，日本僧人嫩桂佑荣也曾经在嵩山少林寺居住，他归国后在越前建少林寺。这一切为后来少林武术进一步东传日本打下了良好基础，促进了日本武术事业的发展。总之，五代宋金元时期，少林武术得到初步发展，不仅套路增多，而且传播到日本。

长期以来，在嵩山少林寺内流行那罗延执金刚神信仰。从元朝末年起，少林寺僧人和武林人士多尊那罗延执金刚神为"紧那罗王"，称为"少林棍法之主"。凡至嵩山少林寺院学武者，无论拜哪位武僧为师父，都必须首先拜紧那罗为师，这已成为嵩山少林寺一项必须遵奉的习武规矩。❷紧那罗王创少林棍法之说虽然带有神话色彩，却反映了元末明初少林武术特别是棍术开始进入一个新的发展时期。虽然在元末遭红巾军沉重打击后嵩山少林寺"仅存其半，殿中佛像则刮金破背"，寺破僧散，❸但是寺内武僧流落全国各地，无疑会促进少林武术在民间的传播。

---

❶ 郭沫若：《少林寺息庵碑》，张国臣、吕江水：《少林诗词选》，北京：中国旅游出版社，1985年版，第157页。

❷ 莹腾，清静，万象：《少林寺全传》，北京：北京体育学院出版社，1990年版，第151页。

❸ 叶封，施奕簪：《少林寺志》（不分卷）之《艺林·重装佛像碑》，清乾隆十三年刻本。

# 第四章　明代少林武术的兴盛

明代，嵩山少林寺与明朝统治者的关系非常亲密，明朝统治者为寺院本身和少林武术的发展提供了诸多便利。而明朝中后期，封建社会长期积累的各种矛盾日益复杂并不断激化，各地的叛乱和农民起义层出不穷，故元残余势力在北部边疆不断袭掳掠、兴风作浪，"倭寇"在沿海大肆烧杀劫掠，内忧外患交织在一起。这一时期，伴随着资本主义萌芽的出现，商业日趋繁荣，商业活动日益频繁。明末，嵩山少林寺僧兵又参与镇压农民起义活动。各种条件为少林武术创造了良好的发展机遇，促使少林武术在明代进入快速发展和传播的兴盛时期，这使少林武术不仅实现了自身价值，而且提升了影响力，加速向国外传播。

## 第一节　明代优待嵩山少林寺的政策

明代，嵩山少林寺与少林武术的发展与统治者的佛教政策密不可分，而欲了解明代的佛教政策，我们有必要先考察一下明太祖朱元璋对佛教的态度。

对于藏传佛教，明太祖朱元璋沿用元代的羁縻政策，以利于统治僧民。此政策比较稳定，不必再多着笔墨。下面仅论述明太祖对汉传佛教的态度。明洪武年间，明太祖对汉传佛教既扶持又限制。一些学者分别以洪武六年（1373年）、洪武十四年（1381年）、洪武十五年（1382年）及洪武中期为界，将他的佛教政策分为两个时期：前期大力扶持，后期整顿、限制。❶ 而另一些学者的认识很笼统，未注意其佛教政策的阶段性。❷ 笔者基本同意阶段说，但又认为明太祖转变佛教政策并非一蹴而就，而是一个渐进的过程。其佛教政策大致以洪武十五年设置管理佛教的机构僧录司和洪武二十年（1387年）严厉限制百姓出家为界，分为扶持、转型和抑制三个阶段。洪武十五年以前，为利用佛教稳定社会秩序，巩固新生的明政权，明太祖对佛教大力扶持，很少限制；洪武十五年至洪武二十年，因佛教势力急剧扩张的弊端日渐明显，更因加强专制集权的需要，明王朝对佛教开始由扶持向抑制过渡；洪武二十年后，佛教势

---

❶ 朱鸿：《明太祖与僧道——兼论太祖的宗教政策》，《台湾师大历史学报》1990年6月第1期；关汉华：《朱元璋的宗教政策及其政治取向》，《历史教学问题》2006年第1期；周齐：《试论明太祖的佛教政策》，《世界宗教研究》1998年第3期；何孝荣：《试论明太祖的佛教政策》，《世界宗教研究》2007年第4期等。

❷ 乐尚明：《朱元璋与佛教》，《学术月刊》1984年第4期；刘真武：《朱元璋对佛教的改造和利用》，《湖北大学学报（哲社版）》1988年第4期；陈高华：《朱元璋的佛教政策》，《明史研究》1991年第1辑；孙浩然：《试论朱元璋的佛教政策》，《中国矿业大学学报（社科版）》2005年第1期；任宜敏：《明代佛教政策析论》，《人文杂志》2008年第4期等。

力急剧扩张之弊更为突出，明王朝遂系统地整顿、抑制佛教，鲜有扶持。

具体而言，在称帝之初，明太祖视佛教为巩固自己统治的一个重要工具，对它大力扶持，这促进了洪武初期佛教的恢复、发展。尽管如此，明太祖并非一名虔诚的佛教徒而绝对扶持佛教，也会偶尔限制。洪武十五年，随着明王朝的统治日益巩固和外交局面日渐打开，佛教的利用价值逐渐下降，其势力扩张的诸多弊端日益突出，明朝统治者遂着手整顿。尤其是洪武二十年以后，明太祖整顿佛教的举措更加系统、严厉。而明初社会经济能够迅速恢复、发展，以及明代佛学的式微，也与他调整佛教政策、限制僧俗之间的联系不无关系。

一言以蔽之，明太祖对汉族地区的佛教政策，经历了由扶持为主到限制为主的转变。在此过程中，他对佛教扶持时，间有限制；限制时，亦偶有扶持，呈现矛盾心态，这一点在过渡时期表现得尤为明显。总体而言，他对佛教先扶持后抑制，限制为主，扶持为辅，扶持与限制皆以巩固明王朝的统治为旨归。尽管此政策不无缺憾，却为后世统治者制定宗教政策提供了借鉴。

洪武时期是明代佛教政策的奠基阶段，翻阅史料不难发现，明太祖之后，除了明世宗朱厚熜崇道禁佛外，❶其余子孙基本沿袭此限制为主、扶持为辅的政策。

---

❶ 何孝荣：《论明世宗禁佛》，《明史研究》第 7 辑，合肥：黄山书社，2001 年版。

明朝统治者大多心存浓郁的崇佛情愫。明人沈德符即言"本朝主上及东宫与诸王降生,俱剃度童幼替身出家"❶;每位皇帝登基之时,"辄度一人为僧,名曰'代替出家'。其奉养居处,几同王公"❷。分封在各地的藩王也不乏崇佛者,如河南直隶州汝州伊阳县(今汝阳县)的观音寺,则是分封于河南怀庆府的徽王府的香火院。❸而具体到对嵩山少林寺的政策,明统治者基本对其持大力扶持的态度,这可以从官方不断对这座寺院进行营建之中窥其一斑。关于这一点,见表4–1。

表 4–1　明代官方营建少林寺一览表

| 时间 | 建设活动及其成效 | 资料来源 |
| --- | --- | --- |
| 永乐七年（1409年）九月 | 周王朱橚赠送一尊汉白玉雕的南无阿弥陀佛像,其上镌字"周王为生身有爵,建像一尊,佛恩开,佛光万载"。 | 嵩山少林寺存玉佛之铭文 |
| 成化二十年（1484年）二月 | 因徽王府向少林寺"累累布施……惠赐民物",寺僧立《徽府恩赐之碑》,颂扬徽王朱见沛 | 《徽府恩赐之碑》,释永信:《中国少林寺（碑刻卷）》,北京:中华书局,2003年版,第130页 |
| 弘治元年（1488年） | 河南卫轮班差役汪三、范文、袁荣、李胜和胡美与河南祥符、太康、巩、偃师四县及陕西的信徒,捐赠一尊重120斤的弥勒佛铜像。 | 《铸造铜弥勒佛碑记》,释永信:《中国少林寺（碑刻卷）》,北京:中华书局,2003年版,第132–133页 |

---

❶ 沈德符:《万历野获编》卷二七《释道·京师敕建寺》,北京:中华书局,1959年版,第684页。

❷ 同❶,第683页。

❸ 温玉成:《少林访古》,天津:百花文艺出版社,1999年版,第304–305页。

续表

| 时间 | 建设活动及其成效 | 资料来源 |
|---|---|---|
| 正德十四年<br>（1519年） | 司礼监太监张永赠送一尊金铜达摩像。 | 《营造祖龛之记》，释永信：《中国少林寺（碑刻卷）》，北京：中华书局，2003年版，第146页 |
| 正德末年 | 登封"四衙"李崇学和儒学司训戴贤捐俸禄，重修三祖庵。 | 《嘉靖年重修三祖庵记》，米祯祥、王雪宝：《嵩山少林寺石刻艺术大全》，北京：光明日报出版社，2004年版，第303页 |
| 嘉靖二十二年<br>（1543年） | 在天王殿前，徽王朱厚爝立《折苇渡江图碑》。 | 《折苇渡江图碑》，米祯祥、王雪宝：《嵩山少林寺石刻艺术大全》，北京：光明日报出版社，2004年版，第234页 |
| 嘉靖二十七年<br>（1548年） | 河南府仪卫司千长李臣等为战功显赫的武僧周友建灵塔，明世宗敕名"天下对手，教会武僧"。 | 少林寺塔林《三奇友公和尚塔铭》 |
| 嘉靖三十一年<br>（1552年）春天 | 徽王朱载堉游寺时，捐金重修甘露台、藏殿，"金铜圣像丽焉，绘饰方丈，起盖立雪亭"。凡殿宇、亭台、门径及阶墀，"颓者翼焉，敝者饰焉"。次年春竣工，朱氏撰碑文纪事。 | 《重修少林寺记》，释永信：《中国少林寺（碑刻卷）》，北京：中华书局，2003年版，第157页 |
| 嘉靖四十年<br>（1561年） | 巡抚河南都御史蔡汝楠在方丈后建廊然堂。 | 傅梅：《嵩书》卷三《卜营篇》，万历四十年刻本 |
| 嘉靖四十四年<br>（1565年） | 住持普河等重修二祖庵的"祖殿及两廊庑"，使"二祖旧相为之辉金，四壁真图绘之五彩，伽蓝俱相丰一新"；郑王之子朱载堉立《混元三教九流图赞碑》。 | 《重修二祖庵记》《混元三教九流图赞碑》，释永信：《中国少林寺（碑刻卷）》，北京：中华书局，2003年版，第165页、168页 |
| 万历二年<br>（1574年） | 政府出资"二十余金"，重修二祖庵，"葺其祠并新其像塑"。 | 《重修二祖庵记》，释永信：《中国少林寺（碑刻卷）》，北京：中华书局，2003年版，第183页 |

续表

| 时间 | 建设活动及其成效 | 资料来源 |
|---|---|---|
| 万历五年（1577年）四月 | 由寺僧普明主持，宦官张遛、卢鼎等输俸资助，创建"十方禅院"。抗倭名将俞大猷作记。 | 俞大猷：《正气堂续集》卷三《新建十方禅院碑》，南京：南京国学图书馆，1934年版 |
| 万历十四年（1586年） | 会极门太监王忠、御马监太监杨义、前汝州同知李朝佩、山西潞安府信官等人，为住持幻休建灵塔。 | 《幻休润禅师塔记》，释永信：《中国少林寺（碑刻卷）》，北京：中华书局，2003年版，第194页 |
| 万历十五年（1587年）十一月 | 明神宗的生母李太后赐予嵩山少林寺637函精工刻制的《大藏经》。 | 叶封，施奕簪：《少林寺志》之《艺林·宸翰》，清乾隆十三年刻本 |
| 万历十六年（1588年） | 李太后下令，凿山为地基，以废藩伊王典模府的殿材，建毗卢阁即千佛殿。后来又在此殿的后檐墙绘300平方米的大幅壁画《五百罗汉朝毗卢》。 | 叶封，施奕簪：《少林寺志》之《营建》，清乾隆十三年刻本 |
| 万历三十二年（1604年） | 在达摩洞前，乾清宫太监胡滨即斌"布地开山"，建三楹凉殿和一座石牌坊，题横额"默玄处"，并"金碧其两祖之像而恢扩之"。 | 《初祖庵创建凉殿坊牌碑》和《默玄处碑》，释永信：《中国少林寺（碑刻卷）》，北京：中华书局，2003年版，第206页、208页 |
| 万历中期 | 周王朱恭枵为住持无言建永化堂。 | 叶封，施奕簪：《少林寺志·营建》，清乾隆十三年刻本 |
| 万历三十九年（1611年）春 | 周王朱恭枵捐赀在寺前少溪上建造一座石桥，住持寒灰阿谀奉承周王，特意取名"庆寿桥"。次年，登封县令傅梅将它改名为"少阳桥"。 | 傅梅：《嵩书》卷三《卜营篇》，明万历四十年刻本 |
| 万历四十七年（1619年）三月 | 在塔林内为战死沙场的武僧万庵和本乐立灵塔。 | 少林寺塔林存《征战有功顺公万庵塔铭》和《授教师本乐武公塔铭》 |

续表

| 时间 | 建设活动及其成效 | 资料来源 |
|---|---|---|
| 天启二年（1622年） | 明熹宗敕重修千佛殿，金装殿内佛像。 | 《重修千佛殿金装圣像记》，释永信：《中国少林寺（碑刻卷）》，北京：中华书局，2003年版，第229页 |
| 天启四年（1624年） | 河南府知府梁建廷和登封知县刘安行立《达摩一苇渡江图碑》，碑阴刻钟馗画像。 | 《达摩一苇渡江图碑》和《钟馗画像碑》，释永信：《中国少林寺（碑刻卷）》，北京：中华书局，2003年版，第234页、235页 |
| 天启五年（1625年）四月 | 为征战有功的嵩山少林寺武僧大才立灵塔。 | 《大才遍公灵塔铭》，释永信：《中国少林寺（碑刻卷）》，北京：中华书局，2003年版，第241页 |
| 崇祯三年（1630年） | 登封县令郝际明重修千佛阁。 | 《重修千佛宝阁碑》，释永信：《中国少林寺（碑刻卷）》，北京：中华书局，2003年版，第243页 |
| 崇祯四年（1631年） | 钦差河南等处盐察御史刘大绶将"庆赞当年盐台所余香资供备"，与寺僧协力，"或助粮饭，或捐孔方"，重修"梁栋倾颓，基阶俱损"的横翠亭。 | 《重修横翠亭记》，释永信：《中国少林寺（碑刻卷）》，北京：中华书局，2003年版，第244页 |

由上表可知，在明朝统治者大力支持下，嵩山少林寺得以频繁营建，颓貌逐渐变新颜。明成祖永乐二年（1404年）正月，直隶应天府尹薛正言游览嵩山，他看到少林寺"楼殿金碧，掩映林峦间"❶，残垣断壁的颓状已经荡然无存。在寺院僧人辛勤劳作下，寺院内外的环境也大为改善。明宣宗宣德元年（1426年），翰林院修撰周叙

---

❶ 薛正言：《登嵩山记》，景日昣：《说嵩》卷二七《艺林四》，清康熙六十年刻本。

游嵩山少林寺，但见寺内"竹木蔽翳，仰不见日，花草余香，郁郁袭人"❶。明神宗万历中期，此寺院僧人又在永化堂后边广植千万株柏树，这些柏树遍布崖谷，蓊蔚葱郁，被人们称为"柏坂"，最壮寺观。❷一言以蔽之，频繁营建之下，嵩山少林寺日臻繁盛，成为一座环境优美的名刹。如今，在寺院法堂殿前月台下东侧，放着一口巨大的铁锅，这口锅铸造于万历四年（1576年）十一月，直径长达1.68米，周长5米，内深0.83米，壁厚0.02米，重达1300斤。锅外壁有5耳，锅上沿壁铸有铭文"万历四年十一月，少林寺常住造大铁锅一口，重一千三百斤"❸，共计24个字。这口巨锅是明代万历年间嵩山少林寺僧人众多的一个见证物。这一点也为曾在河南任职的时人王士性所证实。万历九年（1581年），他游览嵩山少林寺，事后他在《嵩游记》中写道，"寺八百余僧，自唐太宗退王世充赐昙宗官，僧各习武艺俱绝"❹。

而嵩山少林寺的僧人也竭力报效明王朝，一些武僧还在与明军并肩作战时英勇牺牲。如万历四十七年（1619年）三月，明王朝分别为征战有功的都提举少林武僧万庵同顺、授教师本乐宗武在嵩山少林寺塔林立塔各一座。❺明天启五年（1625年）四月，明王朝又

---

❶ 周叙：《登嵩山记》，顺治《河南通志》卷四二《艺文》，清顺治十七年刻本。
❷ 叶封，施奕簪：《少林寺志》之《营建》，清乾隆十三年刻本。
❸ 嵩山少林寺现存明万历四年十一月铸造大铁锅铭文。
❹ 王士性：《嵩游记》，傅梅：《嵩书》卷二二《章成篇四》，明万历四十年刻本。
❺ 嵩山少林寺塔林存《征战有功顺公万庵塔铭》和《授教师本乐武公塔铭》。

为战死的武僧大才普遍和守余宗卿在嵩山少林寺塔林立塔。❶由此可见，明廷与嵩山少林寺的关系确实非同一般，这无疑为少林武术的发展提供了宽松的政治条件。

## 第二节　明代少林武术发展和传播的有利条件

明代是我国封建社会开始衰落的阶段，此时期长期积累的各种社会矛盾日益突出和复杂，呈现蓄势待发的态势。明朝中后期更是如此，社会动荡不安，加之各种天灾，尤其是瘟疫时有发生，百姓的生命财产得不到保障。而练习武术不仅可以防身自卫，而且可以强身健体，祛病延年。这为少林武术的发展与传播提供了广阔的空间。明人曹焕斗的长兄就是为了防身御侮才练习武术的。对于此事，曹焕斗在《拳经》自序中说：

> 拳法者，卫身御侮之善术也。其原始于少林，吾邑张孔昭先生曾遇异人传授，其术独臻神妙……盖先生拳法，藏神在眉尖一线，运气在腰囊一条。发如美人采花，收如文士之藏笔……余兄弟四人，余行列第三。伯兄衍春，字佩玉，处凌弱暴寡之乡，常恐受侮，甚好武技，家严不之禁，更为请高明教之。时余年十三，从塾师读书。每自馆归，随之练习。年十八，得孔昭先

---

❶　嵩山少林寺塔林存《征战有功遍公大才塔铭》和《僧公守余塔铭》。

生从余族高伯祖在壶关县任中所撰《拳经》,藏之馆中,如获异宝。

再者,虽然明朝统治者和以往历代封建统治者一样,竭力推行重农抑商的传统政策,通过采取重税、苛征、捐献等一系列"病商"措施,竭力弱末固本,以达到稳定封建统治的目的,但是社会发展规律,尤其是经济发展规律并不以封建统治者的意志为转移。随着农业和手工业的恢复和发展,各种商业活动日益活跃起来,尤其是明中后期出现资本主义萌芽之后,商业活动更加频繁,逐渐形成许多商帮。其中,最著名的是山西商帮(晋商)、陕西商帮(秦商或陕商)、宁波商帮(浙商)、山东商帮(鲁商)、广东商帮(粤商)、福建商帮(闽商)、洞庭商帮(即苏商,此商帮是在苏州洞庭西山和东山形成的地域性商帮,又叫"洞庭山帮""山上帮")、江右商帮(赣商)、龙游商帮(浙商)、徽州商帮(徽商)10个比较大的商帮,而徽商和晋商是其中的佼佼者。❶此外,比较有名的还有河南的武安商帮等。而在交通不发达、信息闭塞的古代社会,经商要备尝各种艰辛,许多商人起早贪黑,辛苦异常。而行商们更甚,不比坐贾,他们必须出门在外,在商途经常遇到各种风险和不测之祸。时人冯梦龙概括行商经商的艰辛与风险道:

  人生最苦为行商,抛妻弃子离家乡。
  餐风宿水多劳役,披星戴月时奔忙。

---

❶ 张海鹏,张海瀛:《中国十大商帮》,合肥:黄山书社,1993年版。

  水路风波殊未稳,陆程鸡犬惊安寝。
  平生豪气顿消磨,歌不发声酒不饮。
  少赀利薄多赀累,匹夫怀璧将为罪。
  偶然小恙卧床帏,乡关万里书谁寄?
  一年三载不回程,梦魂颠倒妻孥惊。
  灯花忽报行人至,阖门相庆如更生。
  男儿远游虽得意,不如骨肉长相聚。
  请看江上信天翁,拙守何曾阙生计? ❶

  面对商途风险,行商需要加强自我保护。为此,有的行商习武自卫。如明武宗正德时,"行货张掖、酒泉间"的山西蒲州布商王赠就刀法娴熟;❷明神宗万历时,徽商程宗猷也曾在少林寺习武,后来他往北京经商途中遇盗,凭高超的武艺化险为夷。❸但并不是每位行商都身怀绝技,所以需要聘请镖师护送,这样不仅可以大大增强抵御商途风险的能力,而且即使镖师"丢镖",其隶属镖局也有照价赔偿之责。因而尽管镖费不菲,为安全起见,一些行商也在所不惜。

  此外,明代中后期的吏治日趋腐败。以严嵩为例,他不仅疯狂地排斥异己,迫害政敌,大臣谢瑜、张经、王宗茂、沈炼、徐学诗、

---

❶ 冯梦龙:《喻世明言》卷一八《杨八老越国奇逢》,明天启年间刻本。
❷ 韩邦奇:《苑洛集》卷五,影印文渊阁《四库全书》第1269册,台北:台湾商务印书馆,1986年版,第417–418页。
❸ 赵吉士:《寄园寄所寄》卷一〇《驱睡寄·勇侠》,清康熙三十五年刻本。

杨继盛、张翀、董传策等人"皆被谴",张经、沈炼和杨继盛还被处死。"他所不悦,假迁除考察以斥者甚至众。"❶ 他"久叨国柄,以黩货为长策,以弥缝为巧图"❷,还大肆招权纳贿,聚敛财富。每次吏部选官,严嵩首先选出20个名额,标明"判州三百金,通判五百金,三下名区听其选择";每次兵部选武官,严嵩也预先选出10多个名额,标明"管事指挥三百金,都指挥七百金,三边要地惟所钻求"❸。对于严嵩父子肆意贪腐,明人王世贞也抨击说,严嵩执掌国政后,其子严世蕃仗势受贿,"天下之金玉宝货无所不致,其最后乃始及法书名画,盖始以免俗且斗侈耳。而至其所欲得,往往皆(当为"假"——引者)总督抚按之势以胁之。至有破家殒命者,而价亦骤长"❹。严嵩事败之后被籍没家产,仅江西分宜的家产估价就有200多万两,北京的家产不亚于原籍。明朝当时户部每年收入只有200万两,抵不上他家一处窑藏金银珠宝等物的价值。明代的贪官污吏如此蠹国病民,胡作非为,迫使衣食无着、贫无立锥之地的贫民或落草为寇,或揭竿而起,并不自觉地将自己所遭受的苦难归因于这群腐败官僚,予以沉重打击。为此,官僚们往往不惜重金雇用一些武艺高强的保镖来看家护院,甚至作为自己的贴身保镖。

---

❶ 张廷玉等:《明史》卷三〇八《严嵩传》,北京:中华书局,1974年版,第7916页。
❷ 《明世宗实录》卷三九〇,"嘉靖三十一年十月戊午"条,台北:台湾"中央研究院"历史语言研究所,1962年校印本,第6851页。
❸ 同❷。
❹ 王世贞:《觚不觚录》不分卷,明万历年间刻本。

以上这些因素无疑为少林武术提供了一展身手的机遇和舞台。而"天下功夫出少林"的美誉早已在民间广为流传,少林武术以其实用性和高超的技能赢得了众人,尤其是镖局、行商和官员的认可和赞誉,加之倭患、边疆危机和农民起义不时发生,这样的社会环境为少林武术的发展和传播提供了广阔的空间。

## 第三节 明代少林武术的发展

明代,少林武术尤其是少林棍术得到很大发展。而之所以如此,虽然主要归功于嵩山少林寺武僧长期勤学苦练,但也是少林武术融会民间武术精华,吸收武术各家精粹,不断丰富充实使然。特别是明代少林武僧时常奉命出征,足迹遍及边疆和内地,加之有的僧人以云游僧的身份奔波于全国各地,有的在寻求为国为民的用武之地,有的是寻访武林知音,以切磋交流技艺。一些少林武僧实际上充当着传播与交流少林武术的载体。❶

少林棍是棍中的翘楚,是少林武术的标志性武器。明代中期,俞大猷和程宗猷对其发展做出了突出贡献。俞大猷武艺高强,尤其擅长棍术,曾经著有《剑经》一书(在此"剑"是棍的意思)。俞大猷的《剑经》专讲棍法,为一代名著,戚继光不仅盛赞其所讲"短兵长用之法"为"千古奇秘",而且说:"不唯棍法,虽长枪各色之

---

❶ 马明达:《走向世界的少林文化》,《体育文化导刊》2004 年第 1 期,第 15–16 页。

器械，俱当依此法也。近以此法教长枪，收明效，极妙！极妙！"❶

俞大猷早就耳闻嵩山少林寺有"神传长剑技"，即有高超的少林棍术，于是在嘉靖四十年（1561年）奉命南征时，特意取道至嵩山少林寺想一睹虚实，并切磋交流武艺。他到达嵩山少林寺后，精通棍术的武僧皆演示给他看。观看过他们演示少林棍之后，俞大猷非常失望，向少林寺住持小山宗书直言道："此寺以剑技名天下，乃传久而讹，真决皆失矣。"于是在陪同俞大猷游览时，小山宗书请求他传授棍术说："剑诀失传，示以真诀，是有望于名公。"闻听此言，俞大猷明确回答说："是非旦夕可授而使悟也。"于是他选择宗擎和普从这两名年少有勇的武僧跟随他南征，传授给他们棍术。在三年时间内，他认真教授二人棍术，"谆谆示之，皆得其真诀。虽未造于得心应手之神，其十步一人，千里不留行，亦庶几矣"❷，二僧的棍法出神入化。学成之后，宗擎和普从告辞回归嵩山少林寺，向武僧们传授所学棍术。万历五年（1577年）四月间，俞大猷正在京师北京神机营提调车兵，忽然手下人向他报告有一名僧人求见，俞大猷让这名僧人进来后一看，原来是自己的徒弟宗擎。宗擎说普从已经去

---

❶ 戚继光：《继效新书》卷一二《短兵长用说第十二》，明万历二十三年刻本。
❷ 俞大猷：《正气堂续集》卷三《新建十方禅院碑》，南京：南京国学图书馆，1934年版。按：此碑为明代时抗倭名将俞大猷于万历五年（1577年）应主持修建十方禅院的少林寺僧普明之请而撰。"嘉靖辛酉"原碑文中作"嘉靖辛巳"，我们查阅《中国历史纪年表》可以发现，嘉靖朝并没有"辛巳"年，而依据碑文中所记载事件的时间和下文"越十有四五载，今万历丁丑岁（即万历五年）四月间"推算，"辛巳"应为"辛酉"之误。

世，只有自己回到少林寺以棍术"真诀"广传寺僧，学得其棍法者很多。自己"因欲戒坛听戒，锡飞至此"，才到达北京。俞大猷听后大喜，临别时又将自己所著《剑经》赠送给宗擎，勉励他对棍术要"益求其精"，并赋诗一首相送。诗曰：

> 学成伏虎剑，洞悟降龙禅。
>
> 杯渡游南粤，锡飞入北燕。
>
> 能行深海底，更陟高山巅。
>
> 莫讶物难舍，回头是岸边。

宗擎对此感激流泣，也回赠俞大猷一首诗表示谢意。诗云：

> 神机阅武再相逢，临别叮咛意思浓。
>
> 剑诀有经当熟玩，遇蛟龙处斩蛟龙！

宗擎将《剑经》带回嵩山少林寺，将其中的棍术精髓传授给寺院武僧，❶从而进一步促进了少林棍术的发展。少林武僧得到俞大猷的《剑经》后，经过五六十年的传习，使少林棍术得到快速发展，到明末少林棍术已获得很高声誉。茅元仪在《武备志》中称颂说："诸艺宗于棍，棍宗于少林。"❷俞大猷《剑经》总诀中的"阴阳要转，两手要直；前脚要曲，后脚要直；一打一揭，遍身着力；步步进前，天下无敌"❸，就是少林棍法中"五虎拦"的来源。

---

❶ 俞大猷：《正气堂续集》卷三《新建十方禅院碑》，南京：南京国学图书馆，1934年版。

❷ 茅元仪：《武备志》卷八八《阵练制练·教艺五》，明天启年间刻本。

❸ 赵本学：《续武经总要》卷八《韬钤续篇〈剑经〉》，明万历年间刻本。

戚继光也对少林武术的发展和传播做出了突出贡献。他训练兵士时，为了提高士兵短兵相接的本领，便从民间16家武学拳法尤其是少林拳法中选取32种姿势进行组合，编成拳谱——《拳经》，作为训练士兵的主要内容。❶同时，他还聘请少林寺武僧对士兵进行训练。这无疑会促进少林武术的发展和传播。

明代是少林棍法闻名于世的辉煌年代，在戚继光《纪效新书》、郑若曾《江南经略》、茅元仪《武备志》、吴殳《手臂录》等书中，戚继光等人评价诸家拳法和器械时，对少林棍都给予充分肯定和赞扬。程宗猷的《少林棍法阐宗》与俞大猷的《剑经》均属我国武术史上的杰作，特别是程宗猷《少林棍法阐宗》的面世，更有力地推动了少林棍法的宣传与推广。

少林棍法闻名于世，其最主要的原因是明代"本寺武僧，屡经调遣，奋勇杀贼"，皆以棍法擅长，屡立战功。在少林寺内设有西来堂（又名"锤谱堂"），堂内走廊塑有14组关于少林武僧活动的塑像。其中第12组和第13组塑像，分别颂扬小山宗书和尚和月空和尚带领少林棍僧出征抗倭的情景。两组塑像共包括37名武僧，他们各持一条少林棍，英姿各异，栩栩如生。塑像两侧书有"保国卫民平倭寇威震边庭"和"奋铁棍发神威横扫倭寇"的赞语，这说明在抗击倭寇的战斗中，少林武僧所持之棍是铁制的。❷

---

❶ 张耀庭：《中国体育史》，北京：人民体育出版社，2003年版，第272–273页。

❷ 栗胜夫：《少林棍论略》，《少林与太极》2019年第2期，第25页。

早在元朝末年，倭寇即在我国沿海地区骚扰。明朝前期，朝廷对倭寇严加防范，严厉打击，倭患并不严重。明朝中后期，航海技术日臻成熟，出海贸易逐渐频繁，但是明王朝却实行海禁政策。此时日本国内战乱不断，致使大批武士逃亡出海，而沿海流民和商人就利用这些日本武士来打破明王朝的海禁政策。在东南沿海区域，这些倭寇进行强盗性质的破坏性行动，并且凭借着制作精良的武士刀及其诡异莫测的刀法，使当时积弱已久、不堪一击的明朝军队连吃败仗。面对倭寇大肆侵扰，无可奈何的明王朝寄希望于乡兵，其中最为骁勇善战的一支就是少林武僧。

明世宗嘉靖时期，海防松弛，军纪废弛，战斗力极弱。在倭变突起肆虐之初，明军连战连败，由于来不及调集精锐的正规军，只好临时征召战斗力较强的地方武装。少林武僧曾经积极应募出征，远赴东南沿海与倭寇作战。当时应募的少林武僧有两支，一支以月空和尚为首，另一支以天池和尚为首。少林僧兵"执干戈以卫社稷"，并且首次战胜倭寇，使中国军民重新振作，所以时人郑若曾颂扬说："其安中国之神气，功岂小哉？"[1]少林僧兵在抗倭战争中，屡建殊勋，为嵩山少林寺、少林僧兵、少林武术赢得了崇高的社会声誉。这是少林武术发展史上浓重的一笔，是少林武术进一步发展和扬名的重要阶段。

关于明代抗倭少林武僧的高超武艺，史书中多有记载。明人张

---

[1] 郑若曾：《江南经略》卷八（下）《杂著·勒功三誓》，明隆庆二年刻本。

鼐著《宝日堂初集》有："僧兵系山东应募者，其徒众少即习兵，曰大造化、月空、天池、一舟、玉田、太虚、性空、东明、古泉、大用、碧溪等四十名，皆称少林僧，俱持铁棍长七尺，重三十斤，运转便捷如竹杖，骁勇雄杰。官兵每临阵，辄用为前锋……轮棍破敌，遇者即仆，顷刻毙数倭。"❶明代佚名著《云间杂志》也记载说，嘉靖三十二年（1553年），"倭初至海上，屯下沙镇，止三十六人最称枭捷。操院察公可泉招僧兵百余人，其首号月空，次号自然，傍贼结营。一贼舞双刀而来，月空坐不动。将至，（月空——引者）身忽跃起，从贼顶过，以铁棍击碎贼首，于是诸贼气沮。后贼埋伏草房中，缚人妻女，令其夫绐僧，讹指他路，贼追至，杀数僧，僧遂去"❷。明末清初人顾炎武著《日知录》记载："嘉靖中，少林僧月空受都督万表檄，御倭于淞江，其徒三十人自为部伍，持铁棍击杀倭甚众。"❸尽管以上记载的僧兵人数有出入，但都反映了嘉靖年间的抗倭战争中，少林武僧手持铁棍，勇猛无比，取得了与倭寇作战的第一场胜利，此战使少林武术更加闻名，也证明当时少林寺僧人的武功卓绝。

以上这些记述，既表明少林僧所持铁棍的长度与重量，又展现了少林武僧临阵不惧强敌、英勇杀敌、冲锋在前，运用精湛的少

---

❶ 张鼐：《宝日堂初集》卷二四《僧兵》，明崇祯二年刻本。
❷ 佚名：《云间杂志》卷上，清乾隆三十四年刻本。
❸ 顾炎武：《日知录》卷九二《少林僧兵》，上海：上海古籍出版社，2006年版，第1646页。

林棍术杀敌的振奋人心场面。在明代抗倭战争中，应征的僧兵虽然绝非少林寺僧人一家，但是"若夫僧兵，向推少林寺"❶，人们对少林武术十分推崇。郑若曾在其《僧兵首捷记》中也感叹道："夫今之武艺，天下莫不让少林焉。"❷负责平定倭寇的浙直总督胡宗宪也说：

> 少林棍俱是夜叉棍，有前中后三堂之外，前堂棍，单手夜叉也；中堂棍，阴手夜叉也，类刀法；后堂棍，夹鎗带棒，监紫薇山为第一（牛山僧善弄之），通虚孙张家为第二。河南棍，赵太祖腾蛇棒为第一，贺屠钩杆与西山牛家硬单头皆次之；安猴孙棒，卞城（当为"汴城"，指河南开封府——引者）、淮庆（当为"怀庆"，指河南怀庆府——引者）人多用之。按：自古名将未见有用棍者，用棍惟宋江诸人。❸

众所周知，在冷兵器时代，兵器过长过重，在短兵相接时皆不能灵活运用，会降低杀伤效率。而兵器太短太轻，在搏斗时又不能先于敌人的兵器伤及其身，也会降低杀伤力。倭寇使用的兵器为倭刀，属于短兵器，长度短，重量轻。而与之相比，少林棍长短适中，无论在长度上还是在重量上皆明显占有优势，使用起来得心应手。当然，少林僧人作战除主要使用铁棍外，还使用其他兵器，以在兵器

---

❶ 凌扬藻：《蠡勺编》卷一六《乡兵僧兵》，清同治二年刻本。
❷ 郑若曾：《江南经略》卷八（下）《杂著·僧兵首捷记》，明隆庆二年刻本。
❸ 胡宗宪：《筹海图编》卷一三《经略三·棍图说》，明天启四年刻本。

上做到长短结合，轻重结合。因为少林武僧使用长短兵器搭配的作战方法颇为有效，所以很受官府重视。明王朝不仅用僧兵破倭，还多聘武僧为军队教官，教士卒习武。如崇祯年间，陕州（今河南三门峡市）知州史记言就曾"募士聘少室僧训练之"❶。由此可见，明代少林寺武僧对当时社会的影响是很大的。

明代是少林武术发展的黄金时期，也是其发展史上的巅峰时期。少林武僧以他们除暴安良、匡扶正义的侠义作风为世人推崇，也使民间习武者纷纷打出少林武术的旗号。虽然出现所谓的真假少林之争，但是这足以证明在明代，嵩山少林寺武僧在人民群众心目中具有举足轻重的地位，也说明少林武僧拥有相当高深的武学造诣。❷明代人在游嵩山少林寺时，许多人对少林武僧高超的武术评价很高。明神宗万历九年（1581年）六月，南京鸿胪寺卿王士性游嵩山。在少林寺内，他看到"寺八百余僧，自唐太宗退王世充，赐曼宗官，僧各习武艺俱绝"❸。他在"山下再宿，武僧又各来以献技，拳棍搏击如飞，他教师所束手视，中有为猴击者，盘旋踔跃，宛然一猴也"❹。

---

❶ 张廷玉等：《明史》卷二九二《史记言传》，北京：中华书局，1974年点校本，第7489—7490页。

❷ 于璨：《少林武术的历史发展进程研究》，《武术研究》2018年第6期，第15页。

❸ 王士性：《嵩游记》，傅梅：《嵩书》卷二二《章成篇四》，明万历四十年刻本。

❹ 王士性：《嵩游记》，陈梦雷：《钦定古今图书集成·方舆汇编·山川典》卷五九《嵩山艺文二》，雍正六年铜活字本。按：傅梅《嵩书》所载王士性《嵩游记》中没有这段记载。

万历三十六年（1608年）二月，金忠士游嵩山少林寺，撰文《游嵩山少林记》："午刻，少参君招饮溪南方丈中，观群僧角艺，尽酒十巡乃起。"❶ 万历三十七年（1609年），袁宏道游嵩山少林寺时，早晨出门看见寺中僧人"童白分棚立，乞观手搏，主者曰：'山中故事也。'试之，多绝技"❷。

万历二十九年（1601年）进士、天启年间迁礼部右侍郎的公鼐，也非常欣赏少林武术的高超，他赋诗《少林观僧比试歌》，对"挺立如貔貅"的嵩山少林寺武僧高超的武艺赞叹不已：

> 震旦薮林首嵩少，苾蒭千余尽英妙。
> 战胜何年辟法门，虎旅从兹参象教。
> 我度轘辕适仲秋，晓憩招提到上头。
> 倏忽绀园变芰舍，缁徒挺立如貔貅。
> 袒裼攘臂贾余勇，抗声鼓锐风雷动。
> 蠡目斜视伏狙趋，距跃直前霜鹘辣。
> 迅若奔波下崩洪，轻若秋箨随轻风。
> 崖目高眄慑猛兽，伸爪奋翼腾游龙。
> 梭穿彀转相持久，穷猿臂接毚兔走。
> 李阳得间下老拳，世隆取偿逞毒手。
> 复有戈剑光陆离，挥霍撞击纷飙驰。

---

❶ 金忠士：《游嵩山少林记》，叶封：《少林寺志》之《艺林·碑记》，清乾隆十三年刻本。
❷ 袁宏道：《游少林记》，叶封：《少林寺志》之《艺林·碑记》，清乾隆十三年刻本。

狮吼螺鸣屋瓦震，洞胸斩胫争毫厘。
专门练习传流古，凭轼观之意欲舞。
自从武德迄当今，尔曹于国亦有补。
偶来初地听潮音，观兵何事在祇林。
棒喝岂是夹山意，掌击宁关黄蘖心。
彭泽载酒惬幽赏，崖桂高梧对潇爽。
一时佛渭散空华，庭阴满院风泉响。❶

这首诗展现了少林寺壮观的演练武术的场景，使人身临其境，目见其人，耳闻其声，情不自禁地为少林武术摧枯拉朽的气势感染。少林拳的突出特点之一是"拳打一条线"，"瞠目斜视伏狙趋，距跃直前霜鹘竦"一句，恰好表现了这一特点。在交斗中，虚实相间，刚柔相济。发力时，少林武术如山洪崩泻，无坚不摧；虚晃时，它又似秋风吹拂落叶，一闪而过。"迅若奔波下崩洪，轻若秋篝随轻风"一句形容的就是这一点。少林拳素有"龙拳练神，虎拳练骨，豹拳练力，蛇拳练气，鹤拳练精"的"五拳要领"，"崖目高眰慑猛兽，伸爪奋翼腾游龙"一句便是精彩的概括。在实战中，少林武术必须能攻善守，指上打下，声东击西，佯攻而实退，似退而猛进。所谓"梭穿毂转相持久，穷猿臂接觅兔走"，正是与敌周旋，麻痹对手，寻找战机的体现。

"三奇和尚"周友的法侄洪转有一位俗家弟子，即潮州人程宗

---

❶ 公鼎：《少林观僧比试歌》，叶封：《少林寺志》之《诗·七言古》，清乾隆十三年刻本。

猷，他曾经在嵩山少林寺学习"夜叉棍"十多年。"夜叉棍"相传是元末嵩山少林寺的紧那罗僧所传授，而程宗猷《少林棍法阐宗》序言则说是一位哈麻师（喇嘛）"以拳棍授匾囤（法号"无空"——引者）"的。程宗猷进入嵩山少林寺习武，先拜洪纪为师，"梗概初闻，未惮厥技"，又拜80多岁的洪转为师。洪转"棍法神异，寺众推尊"，宗猷"得闻所未闻"。与程宗猷同时向洪转求教的还有宗想、宗岱二位同道好友。程宗猷对棍术精益求精，最后又投师于广按门下，广按是"法门中高足，尽得转师（指洪转——引者）之技而神之。耳提面命，开示神奇。后以出寺同游，积有年岁，变换之神机，操纵之妙运，由生诣熟，缘渐得顿"❶。和程宗猷一同进入嵩山少林寺习武的还有他的叔祖武学生程云水、侄程君信、太学生程涵初等人。在他们大力鼓励下，棍法炉火纯青的程宗猷整理"口授心识"的棍法，用图形歌诀的形式写出来，著成《少林棍法阐宗》一书，以使"人人得以自师"。此书共有3卷，于万历四十四年（1616年）刊刻面世。

综上可见，由于嵩山少林寺与明王朝建立了密切的政治关系，少林武术传播发展不仅没有政治障碍，而且在明王朝庇护下获得了广阔的政治空间。而明中期以后商业活动的活跃，内忧外患交织的社会形势，使少林武术的实战功用空前彰显，传播发展路径多元拓展。从明武宗正德年间到明熹宗天启年间，明王朝时常征调嵩

---

❶ 程宗猷：《少林棍法阐宗》之《纪略》，明天启元年刻本。

山少林僧兵四处征伐，政府官员也不时来寺检阅督导。例如，天启五年（1625年）二月，为鼓励此寺院僧人习武，河南巡抚程绍亲自到嵩山少林寺检阅武僧练武，并写下脍炙人口的《少林观武》。诗曰：

> 暂憩招提试武僧，金戈铁棒技层层。
> 刚强胜有降魔力，习惯轻挟搏虎能。
> 定乱策勋真证果，保邦靖世即传灯。
> 中天缓急无劳虑，忠义毗卢演大乘。❶

在这首诗中，程绍赞赏少林武术的水平高超，充分肯定了少林武僧为国分忧的优良传统，鼓励其练习武术。明朝统治者对习武的大力支持，加之唐代寺僧昙宗曾拜大将军的榜样作用，极大地调动了寺僧练武的积极性。对此，明代人徐学谟在《少林杂诗》中写道：

> 名香古殿自氤氲，舞剑挥戈送落晖。
> 怪得僧徒偏好武，昙宗曾拜大将军。❷

嵩山少林寺内练武成风，除朔望之日念经礼佛外，其余时间均练习武术。当时"少林面积五顷四,外分四院都练拳"❸,这对少林武术的发展大有裨益。

---

❶ 程绍：《少林观武诗碑》，释永信：《中国少林寺（碑刻卷）》，北京：中华书局，2003年版，第240页。

❷ 徐学谟：《少林杂诗》，叶封：《少林寺志》之《诗·七言绝句》，清乾隆十三年刻本。

❸ 赵宝俊：《少林寺》，上海：上海人民出版社，1982年版，第76页。

总之，明代嵩山少林寺与中央王朝关系密切，少林僧兵精忠报国，统治者对嵩山少林寺大力扶持，鼓励僧徒练习武艺。在明朝统治者大力扶持下，寺僧以"保邦靖世即传灯"的执着，终使少林武术逐渐走出元代时的低谷，步入崭新的发展时期。此时期少林武术名家辈出，理论著作纷呈，少林武僧也刻苦研习，对武艺精益求精，少林武术渐至繁盛。

## 第四节　明代少林武术的繁盛

明代，少林武术在争取政府扶持的同时，积极适应社会需求，走出山门，在报效国家、服务民间的双重路径中获得了巨大的生存与发展空间。

### 一、报效国家

嵩山少林寺不乏前来习武的俗家弟子，如王寅曾得到匾囤和尚亲授棍法，程宗猷的棍法似主要师从匾囤和尚的弟子洪转。后来，王寅、程宗猷等人也都投身军旅，为朝廷的军队训练贡献自己的力量。明天启三年（1623年）正月二十五日，巡抚天津佥都御史李邦华上奏《陈抚津戎政急务十事》，在其中的第八事"旌义勇"中说：

臣所知荐休宁布衣程宗猷、监生程子颐者，勇敢任侠，子弟几百人皆以力艺擅名。臣礼聘致之，即欲为题一官，而宗猷等力辞。臣嘉其志，所愿勒部录叙，必有闻风而兴起者。❶

李邦华呈上奏疏后，明熹宗非常赞赏，下令兵部照其建议录用程宗猷等人为国效劳。嵩山少林寺屡受朝廷封赏，寺院僧众心存感激，当明王朝遇到危难需要有人来保家卫国之时，少林僧众挺身而出，以所习武艺报效国家。

（一）镇压农民起义军

自北魏孝文帝太和二十年（496年）嵩山少林寺建立后，即"取给公府"，不断得到历代统治阶级的封赏。因而，当农民起义时，嵩山少林寺往往成为被打击的对象。如隋朝末年此寺院被农民起义军付之一炬，元朝末年又受到红巾军攻打。故而，当农民起义爆发后，嵩山少林寺维护自身权益，成为镇压农民反抗、维护封建统治的工具。如明武宗正德五年（1510年）十月，在权阉刘瑾家人刘洪索贿逼迫下，刘六、刘七等农家子弟被迫在北直隶保定府霸州起义。❷次年，嵩少林寺派遣300名僧兵加入明军，参与镇压这次起义，有70

---

❶ 《明熹宗实录》卷三〇，"天启三年正月丁巳"条，台北：台湾"中央研究院"历史语言研究所，1962年校印本，第1543–1544页。

❷ 《明武宗实录》卷六八，"正德五年十月乙巳"条，台北：台湾"中央研究院"历史语言研究所，1962年校印本，第1511–1512页。

多名僧兵牺牲。❶据此,有学者认为明代文载禅师将业已淡薄的那罗延执金刚神信仰赋以"菩萨示迹退红巾"这一新内容,应该与正德时明王朝首次调用嵩山少林寺武僧征讨霸州刘氏起义后少林棍法闻名于世有内在的联系。文载禅师的用意,显然在于激励寺僧勇往直前,担当起护法神的职责。❷明万历九年(1581年)的《登封县帖》亦云:

  上司调遣寺僧随征刘贼、王堂、师尚诏、倭寇等,阵亡数僧,屡有征调死功。❸

这里的"刘贼"指正德五年至七年(1510—1512年)领导河北霸州起义的刘宠(刘六)、刘宸(刘七)和刘惠(刘三)等人;王堂于嘉靖元年(1522年)十一月在山东青州领导矿丁起事;师尚诏于嘉靖三十二年(1553年)八月在河南柘城县领导盐徒起义。嵩山少林寺武僧都参与了对这些农民起义的镇压。例如,师尚诏在河南柘城县率领盐徒起义后,"自幼习武,精究六韬"的嵩山少林寺武僧竺方周参,率领50名僧兵前往征讨。对于此事,嵩山少林寺塔林现存《少林寺竺方参公塔铭并序》记载道:

  师讳周,其名曰参,号竺方……于嘉靖三十二年,上司明文调用截杀,领僧兵五十名征师尚诏,赶贼兵运大智于沙场,

---

❶ 谷应泰:《明史纪事本末》卷四五《平河北盗》,北京:中华书局,1977年版,第665–671页。
❷ 阿德:《紧那罗王考》,《中华武术》2003年第9期,第24–25页。
❸ 嵩山少林寺存万历九年(1581年)《登封县帖碑》。

战雄兵于顷刻。不过尽忠于国,丛林见得忠义……❶

嘉靖三十二年（1553年）,在少林僧兵帮助下,明军终于将这次起义镇压于血泊之中,师尚诏英勇牺牲。此外,少林僧兵还帮助河南地方政府驱散采矿的贫民,以安定当地的社会秩序。如万历年间,河南府巩县玉仙山的矿徒就是在少林僧兵的武力威胁下被迫解散的。对于此事,明人傅梅著《嵩书》中记载说:

> 玉仙山,在太室之东北,属巩县,崖谷险峻,中有银矿。万历己酉冬,忽群不逞之徒聚众数千,官为驱逐之,遂至负固拒捕,有所杀伤。踰时不能靖,予恐祸延邻封,计以先声折之,乃下令调集少林僧兵,择日于近郊操演器械,先选二健卒传檄入山,许其悔过,投戈为良民,一夕尽散,而矿始得封闭至今矣。❷

再如明崇祯十一年（1638年）,精通少林拳术的登封矿工李际遇❸率贫民起义,义军驻扎于嵩山"御砦",嵩山少林寺的武僧即与农民军为敌。李际遇"佯与结纳,日以金啖主僧,僧信之,遂不与抗"。一天,乘少林僧众"斋沐焚诵"、正在做佛事疏于防范之际,李际遇突然"率数百人衷（当为"裹"——引者）甲以入,徐至经

---

❶ 嵩山少林寺塔林存万历三年（1575年）二月立《少林寺竺方参公塔铭并序》。
❷ 傅梅:《嵩书》卷二《峙胜篇·玉仙山》,明万历四十年刻本。
❸ 李际遇在少林寺东五十里的磨沟村当长工时曾苦练少林拳,参见王鸿钧嵩岳名胜专辑《中岳》。转自《少林寺资料集》,北京:书目文献出版社,1984年版,第410–411页。

堂",杀死在场所有寺僧。❶崇祯十四年(1641年)冬,李自成所率农民军进入河南,李际遇与之合军,攻克登封县城。

(二)抵抗蒙古军

明洪武元年(1368年),徐达统率明军进入大都前夕,元顺帝带领残余力量狼狈北逃,建立了北元政权,屡谋兴复。明朝建立后,元朝残余势力不断南下骚扰,西北部边疆长期不得安宁。"靖难之役"后,明成祖朱棣迁都北平,而新都城三面靠近边塞,其安全是一个重要问题。为此,明王朝在西北部边疆驻防了大量军队。正德年间,为抵抗蒙古军南下,明武宗钦调少林寺武僧周友协助镇守山西、陕西沿线边防地区,御封其为都提调总兵,还下诏命其统兵远征云南叛蛮。永乐以后,明王朝规定军功分为奇功、首功和次功三等,周友立下三次奇功,战功卓著,加之身怀"软"(以柔制刚)、"闪"(左右闪斜)、"赚"(引敌落空)三种绝技,故人称他为"三奇和尚"。❷周友武艺高强,办事严谨,屡立战功,多次受到政府褒奖。嘉靖二十七年(1548年),明王朝为已圆寂的周友立寿塔,明世宗敕名"天下对手,教会武僧"。其寿塔的铭文曰:

---

❶ 汪价:《中州杂俎》卷一二《少林棍》,1921年安阳三怡堂排印本。按:此书中将"李际遇"讹为"李际宇"。

❷ 周伟良:《明清时期少林武术活动的历史流变》,《体育文化导刊》2004年第1期。关于"三奇和尚"的含义,温玉成认为是立下三次奇功的和尚。见温玉成:《少林访古》,天津:百花文艺出版社,1999年版,第292页。作者认为此二说都失之偏颇。

敕赐大少林禅寺敕名天下对手，教会武僧，正德年间蒙钦赐宣调，镇守山陕等布政边□（疑为"境"——引者），御封都提调总兵，统云南烈兵扣官赏友公三奇和尚之寿塔。❶

周友有僧俗习武弟子 1000 多人，比较有名的有洪转、洪仲、洪良、洪注、洪佑、普清、广记、广顺等人。其中，洪转不仅"棍法神异，寺众推崇"，还于万历年间著有《梦绿堂枪法》（枪即棍之意）一书，将少林棍法理论化。

### （三）英勇抗倭

元朝末年，天下大乱，倭寇乘机将魔爪伸向中国，此为倭寇危害中国之始。这一点在冯梦龙所著《喻世明言》一书中即有形象体现。明朝前期，统治者具有强烈的忧患意识，锐意经营国防，因此倭患还不严重。诚如明人张瀚所言：

> 我明洪武初，倭奴数掠海上，寇山东、直隶、浙东、福建沿海郡邑。以伪吴张士诚据宁、绍、杭、苏、松、通、泰，暨方国珍据温、台等处，皆在海上。张、方既灭，诸贼强豪者悉航海，纠岛倭入寇。时倭王虽遣使入贡，高皇以其虽朝实诈，坐宰相胡惟庸罪，竟绝倭使。乃遣信国公汤和筑登、莱至浙沿海五十九城，调民戍兵。江夏侯周德兴筑福建漳、泉等十六

---

❶ 参阅嵩山少林寺塔林现存嘉靖二十七年六月立《友公三奇和尚塔铭》。

城，亦募戍卫所。又命南雄侯赵庸招蛋户、岛人、渔丁、贾竖，自淮浙至闽广几万人，尽籍为兵，分十千户所。于是群不逞皆得衣食于县官，海中逋贼，壮者老，老者死，郡县稍得休息。❶

明朝中后期，随着工商业的繁荣，海外贸易活动频繁。而政府厉行海禁，使东南沿海从事海外贸易的商人生计大受影响。此时日本国内纷争，产生大批落魄的武士——日本浪人。以明武宗、明世宗为代表的统治者大肆逸乐，文恬武嬉，大部分文官武将腐败，边防废弛，为倭患肆虐蔓延提供了可乘之机。对于倭寇形成的原因，《明史》如此披露道：

> 初，明祖定制，片板不许入海。承平久，奸民阑出入，勾倭人及佛郎机诸国入互市。闽人李光头、歙人许栋踞宁波之双屿为之主，司其质契，势家护持之，漳泉为多。或与通婚姻，假济渡为名，造双桅大船运载违禁物，将吏不敢诘也。或负其直，栋等即诱之攻剽负直者，胁将吏捕逐之，泄师期令去，期他日偿。他日至，负如初。倭大怨恨，益与栋等合。而浙闽海防久驰，战船哨船十存一二。漳泉巡检司弓兵旧额二千五百余，仅存千人。倭剽掠辄得志，益无所忌，来者接踵。❷

---

❶ 张瀚：《松窗梦语》卷三《东倭记》，清代钞本。
❷ 张廷玉等：《明史》卷二〇五《朱纨传》，北京：中华书局，1974年点校本，第5403–5404页。

倭寇的强盗色彩极为明显，对东南沿海地区的破坏性非常大，"积骸如陵，流血成川"❶的记载虽然不免夸张，但是从中也可以窥其一斑。穷凶极恶的倭寇无恶不作，因而明王朝进行严厉打击。在平定倭寇的战争中，因为倭寇所用倭刀"最精利，长六尺，两手两刀，共长一丈八尺，虽左刀以木假之，然其右之真者，亦足以杀人而无敌，故中国之畏倭者，畏其刀也"❷，终使明朝的正规军不堪一击。而募兵具有相当的针对性，非常适用于抗击倭寇。对于募兵的特点，钱穆先生曾经精辟地说：

> 在某种地方某种情况下，募兵也很有用，但须有一定的敌人做目标，而且非打不可，在几年内定要把敌人解决。在这种情形下，募兵可以刻意训练，及锋而试，或许比全国皆兵制还好些。东晋的北府兵便是募兵，也曾建立了奇功。……把募兵制度与长期的防守政策相配合，这却差误了。❸

由于募兵制"有一定的敌人做目标"，对所募士兵有针对性地进行训练后，可以放手让他们"及锋而试"。于是，明王朝在对耗资靡饷的政府军极端失望的情况下，只得寄希望于募兵和客兵，少林武僧就是在这样的背景下奔赴抗倭战场的。对此，史书多有记载。浙江宁波人万表在《海寇议》中记道：

---

❶ 徐学聚：《国朝典汇》卷一六九《兵部三十三·日本》，明天启四年刻本。
❷ 陈仁锡：《无梦园初集》之《漫集一·辎轩纪闻·纪御倭刀》，明崇祯六年刻本。
❸ 钱穆：《中国历代政治得失》，北京：三联书店，2005年版，第87页。

其后倭乱大起，万表结少林僧，习格斗法，屡歼其众。❶

郑若曾著《江南经略》也记载说：

（少林僧）天员游寓天池，蔡公聘而用之，天员一战于翁家港，再战于白沙滩，倭贼二百五十余人斩刈无遗。❷

顾炎武所著《日知录》记载道：

嘉靖中，少林僧月空受都督万表檄，御倭于松江，其徒三十余人自为部武，击杀倭寇甚众，皆战死。❸

《明史》记载说：

又，僧兵有少林、伏牛、五台。倭乱，少林僧应募者四十余人，战亦多胜。❹

少林僧兵首次战胜倭寇，结束了明军连战连败的局面，使明朝军民"方知倭为可敌，而兵气渐奋，捷音渐多"❺。由此可见，少林僧兵在这次镇压所谓"倭寇"过程中发挥了"安中国之神气"的特殊作用。

虽然少林僧兵在抗倭战争中立下了不朽的功勋，但是也付出了巨大的牺牲。明嘉靖三十二年（1553年），月空和尚率领少林僧兵30人抵达上海，他们初战告捷，1名倭寇首领被月空用棍击毙。同年六月，在南汇战斗中，1名倭寇首领挥舞双刀，连杀官兵数人。

---

❶ 万表：《海寇议》，明嘉靖年间刻本。
❷ 郑若曾：《江南经略》卷八（下）《杂著·勒功三誓》，明隆庆二年刻本。
❸ 顾炎武：《日知录》卷二九《少林僧兵》，清康熙四十三年刻本。
❹ 张廷玉等：《明史》卷九一《兵志·乡兵》，北京：中华书局，1974年版，第2252页。
❺ 同❷。

月空闻讯,即派遣智囊和尚前去迎战,将其击毙。在追击倭寇时,了心、彻堂、一峰、真元四位武僧英勇牺牲。嘉靖三十三年(1554年)二月,少林僧兵在浙江宁波叶谢镇马家浜与倭寇交战,击毙敌人无数。后因援兵迟迟不来,再加上地形不熟,最终陷入倭寇的重重包围,大有、西堂、古峰等21名武僧为国捐躯。❶对于此事,时人郑若曾说,兵备佥事任环"勒兵战于叶谢镇马家浜,斩获颇多,援兵不继,僧大有、西堂、天移、古峰等二十一人死焉"❷。嘉靖三十四年(1555年)十月,"督诸公合浙直诸路兵进剿陶宅倭,僧兵前队,直至巢门,轮棍前进破敌,遇者即仆,顷刻毙数倭"❸,月空率领少林僧兵为前锋,锐不可当,所向披靡。倭寇狡诈,穿上明军的衣服,拿上明军的器械,混在明军中从少林僧兵身后冲杀过来。月空等人以为是自己人,猝不及防,皆为国壮烈捐躯。少林僧兵参与抗倭,在实战中完善了少林武术,使其更加系统化,这在一定程度上助推了它在全国的传播。❹

万历三十七年(1609年)袁宏道游嵩山时,曾遇到这样一位少时从征倭寇有功的老僧,并感慨地赋诗《山中逢老衲少时从征有功者》道:

头发遮眉白,归来五乳峰。

梦中闻虏笑,定起看经慵。

---

❶ 张鼐:《宝日堂初集》卷二四《僧兵》,明崇祯二年刻本。

❷ 郑若曾:《江南经略》卷八(下)《上海县倭患事迹》,明隆庆二年刻本。

❸ 同❶。

❹ 刘亚轩:《少林寺与少林武术》,《中国城市经济》2011年第12期,第380页。

戒铁支为枕，衲衣挂在松。

闲时穿洞壁，欲去缚狞龙。❶

少林武僧抗倭，使少林武术在社会上博得了很高的声誉，以致伏牛山、五台山的武僧亦有号称少林武僧者，所以有真假少林武僧之事。唐豪在《行健斋随笔》中依据雪庭福裕的"七十字派系"，力图从僧名上考证真正的少林武僧。但是各种文献中的僧名也许是自号，而自号并无定则可循，所以考证的难度非常大。

（四）训练兵士

少林武术特别注重实战，因此，为提高军队的实战能力，戚继光训练"戚家军"时，曾经请少林寺武僧作教师。例如，曾经在嵩山少林寺习武15年之久的浙江人张松溪回到故乡后，目睹倭寇肆虐，生灵涂炭，于是以其所学少林武术传授乡人以自卫。后来他又率众加入戚继光所统"戚家军"，以少林武艺训练士卒。❷ 明代，"若夫僧兵，向推少林寺，次则伏牛。伏牛学于少林，以御矿盗者，又次为五台"❸，其他寺院也曾经向嵩山少林寺学习武艺。各地方武装亦曾到此寺院聘请武僧任教师。❹

---

❶ 袁宏道：《袁中郎全集》卷三七《山中逢老衲少时从征有功者》，明万历年间刻本。
❷ 金恩忠：《少林七十二艺练法》，台北：台湾逸文出版社，2002年版。
❸ 凌扬藻：《蠡勺编》卷一六《乡兵僧兵》，清同治二年刻本。
❹ 赵宝俊：《少林寺》，上海：上海人民出版社，1982年版，第97页。

明末，社会动荡不安，嵩山少林寺僧人因参与镇压农民起义活动遭到农民起义军沉重打击。为此，崇祯前期，河南府陕州知州史记言曾"出私财募士"，然后"聘少室僧训练之"，❶使其成为一支战斗力颇强的劲旅。

## 二、服务民间

在封建社会，历代统治者奉行重本抑末的经济政策，抑制商业发展。如唐代不准商人骑马，明代则规定：

> 农民之家许穿绸、纱、绢布，商贾之家止许穿布。农民之家但有一人为商贾者，亦不许穿绸、纱。❷

尽管如此，商业仍展现出强大的生命力，诚如东汉人班固所言：

> 而商贾大者积贮倍息，小者坐列贩卖，操其奇赢，日游都市。乘上之急，所买必倍。故其男不耕耘，女不蚕织，衣必文采（同"彩"——引者），食必粱肉，亡（同"无"——引者）农夫之苦，有仟佰（同"阡陌"——引者）之得。因其富厚，交通王侯，力过吏势，以利相倾。千里游敖，冠盖相望，乘坚策肥，履丝曳缟。❸

---

❶ 张廷玉等：《明史》卷二九二《史记言传》，北京：中华书局，1974年版，第7489-7490页。

❷ 徐光启：《农政全书》卷三《农本·国朝重农考》，清光绪二十六年刻本。

❸ 班固：《汉书》卷二四《食货志第四上》，北京：中华书局，1962年版，第1132页。

进入明代,随着农业和手工业的恢复与发展,商业也有一定程度的发展。明初处士(指有才学有品德而没有做官的人)高巍就说:

> 今天下之人民,务本者少,逐末者多,为何？盖因务农之家,地有租,丁有役。三时力农,一时输纳,终岁忧勤,举家劳苦,或遇薄敛之岁,俯仰有不足者矣。今为商贾者,坐列街市,日登垄断,窥时去取,贱买贵卖,获十分之利,纳分毫之税,何益于国家用度哉？彼则乘坚策肥,冬温夏清,妻孥无劳身之苦,饮食有兼羞之膳,四时有适体之服,终岁优游而无粮草督责之患,是以逐末者多矣。❶

这段话是传统社会统治者长期奉行重本抑末、重农轻商政策的体现,其所言虽然过于偏激,但是却表明随着人口增加,人多地少的矛盾日益明显,要单纯依靠农田致富非常困难,所谓"今法律贱商人,商人已富贵矣,尊农夫,农夫已贫贱矣"❷。

从明代中后期开始,一些地方苦于当地人多地少,经商者日渐增多,不少著名的商帮就是从这时开始兴起的。明朝中期,时人归有光谈到徽商兴起的原因时就说:

> 今新安多大族,而其地在山谷之间,无平原旷野可为耕田,故虽士大夫之家,皆以畜贾游于四方。❸

---

❶ 邓士龙:《国朝典故》卷三九《立斋闲录》,北京:北京大学出版社,1993年点校本。
❷ 班固:《汉书》卷二四《食货志第四上》,北京:中华书局,1962年点校本,第1133页。
❸ 归有光:《归震川先生全集》卷一三《白庵程翁八十寿序》,四部备要本。

随着商品经济活动日趋活跃，经商者日渐增多，商人的地位也有所提高，许多富商生活优越，"连屋列肆，乘坚策肥，被绮縠，拥赵女，鸣琴跕屣"❶。为此，人们逐渐改变了视商业为末业的偏狭观念。明代中后期，商品经济发展，商业活动频繁。万历时人王士性曾说：

> 苏、松赋重，其壤地不与嘉（兴）、湖（州）殊也，而赋乃加其什之六……毕竟吴中百货所聚，其工商贾人之利又居农之什七，故虽赋重，不见民贫。❷

宋应星描述了当时各地经济交流频繁的情况：

> 幸生圣明极盛之世，滇南车马，纵贯辽阳。岭徼宦商，衡游蓟北。为方万里中，何事何物不可见见闻闻？❸

但是，商品经济繁盛之下也潜藏着诸多社会矛盾和危机，如当时的商路交通及财产保障面临着诸多不安全因素，这为名闻天下的少林武术服务民间社会创造了契机。

为了获取更大的商业利润，一些商人利用当时已成网络的商业路线从事长途贩运，人们称其为"行商"。

明中后期商业活动频繁，诸如商人路途被劫之事层出不穷。明宪宗成化年间，江西九江府至南直隶苏州府沿江一带，白昼常有

---

❶ 归有光：《归震川先生全集》卷一三《白庵程翁八十寿序》，四部备要本。
❷ 王士性：《王士性地理书三种》，上海：上海古籍出版社，1993年版，第274–275页。
❸ 宋应星：《天工开物》之《序》，明崇祯十年刊本。按：上海华通书局1930年版将"宦商"写作"宧商"。

三五成群的歹徒驾船或假充巡捕，或冒称牙行骗接商客。他们公然拦截官民客商之船，抢掠财物，殴打平民，甚至投人入水，草菅人命。❶明神宗万历年间，徽商程宗猷与父亲携重赀赴京师经商，途中也遭响马抢劫。❷豫商孙滔在福建建宁府经商时，则被强盗用石灰撒入眼睛，抢夺其银两而去。❸

为化解商途的风险，有的商人习武以自卫。王振忠的《少林武术与徽商及明清以还的徽州社会》一文，对少林武术与商业活动的结合已有论及。❹明万历时期，南直隶休宁县人程宗猷就是这样一位身怀少林绝技的徽商。明代，另一位南直隶徽州府休宁县商人程天宠也武艺高强，他经常白昼"与市人昂比货殖"，夜晚则习武。一日，他"与诸豪士试剑校射，群英咸集，乃跃马三试之，皆中鹄贯革，海宁（休宁县在西晋武帝太康年间曾名海宁——引者注）诸武胤咸吐舌推毂"❺。但并非所有商人都有此等绝技，故而雇用镖师以防不测便是多数行商的惯常做法。因为向有"天下功夫出少林"之说，所以身怀少林武艺者常成为商人雇用镖师时的首选。

---

❶ 戴金：《皇明条法事类纂》卷三四《沿江等处殴打平人抢夺财物照在京事例充军为民》，台北：台湾文海出版社，1985年影印本。

❷ 赵吉士：《寄园寄所寄》卷一〇《驱睡寄·勇侠》，清康熙三十五年刻本。

❸ 张应俞：《杜骗新书》卷二，上海：上海古籍出版社，1990年版。

❹ 王振忠：《少林武术与徽商及明清以还的徽州社会》，《徽学》2005年第3卷，第91—121页。

❺ 《休宁率东和氏家谱》卷一一《明威将军程天宠甫小传》，转引自张海鹏、王廷元：《明清徽商资料选编》，合肥：黄山书社，1985年版，第431页。

此外，明中后期各种社会矛盾日趋激烈和复杂，社会动荡不安，人们的生命财产无法得到保障，一些官僚、富室也常聘请身怀绝艺者或为保镖，或看家护院。如崇祯时"陕当流贼"，河南府陕州知州史记言乃"出私财募士，聘少室僧训练之"，且用"少室僧"为保镖。❶而民间为自卫计也习武成风，时人曹衍春就是因"处凌弱暴寡之乡，常恐受侮"，为"卫身御侮"而习少林武艺。❷

### 三、名扬日本

如前所言，早在元代，日本佛教界就与嵩山少林寺有密切往来。

明代中后期，在平倭战争中，名将戚继光为使士兵习得短兵格斗的本领，汲取众家之长，从民间16家拳法尤其是少林拳法中，选取32种姿势进行有机组合，编成拳谱——《拳经》，作为训练"戚家军"的教材。该书在明神宗万历年间传入日本后，受到日本武术界的高度重视，有力推动了日本武术的发展。❸

曾于万历四十一年（1613年）进入嵩山少林寺习武一年的杭州人陈元赟，为躲避明末战乱，同时为对抗后金和农民军的夹击，挽救明王朝的统治，于万历四十八年（1620年）随朱舜水东渡日本

---

❶ 张廷玉等：《明史》卷二九二《史记言传》，北京：中华书局，1974年版，第7489–7490页。

❷ 曹焕斗：《拳经》之《序》，清代绘图本。

❸ 张耀庭：《中国体育史》，北京：人民体育出版社，2003年版，第272–273页。

乞师。陈元赟到达日本后留了下来,并在日本后西天皇万治年间(相当于清顺治十五至十七年,即1658—1660年)以明遗民身份移居日本,寓止于江户西久保区(今东京)国正寺,将少林拳法传授给浪人三浦与次右卫门、矶贝次郎左卫门、福野七郎右卫门等人。❶明朝灭亡后,陈氏欷歔惆怅,思念故国,竟客死于异国他乡。后来日本武术家在薪火相传中,汲取陈元赟所传中国少林武术的精华,使之本土化,衍生出了柔术即后来举世闻名的柔道。

## 四、著述纷呈

少林棍是少林武术的标志性武器,是棍中的翘楚,明代中期,俞大猷和程宗猷对其发展做出了突出贡献。如前所言,抗倭名将俞大猷精通棍术,著有《剑经》。嘉靖时他曾至嵩山少林寺,认为少林棍法"传久而讹,真诀皆失"。后应住持小山之请,传授武僧宗擎和普从棍术。在俞氏悉心教导下,这两位少林武僧的棍法出神入化。后来"普从化为异物"(去世的意思),唯宗擎以真诀广传寺僧,使少林棍法为之一振。之后宗擎又获得俞大猷所赠《剑经》,更加促进了少林棍术的发展。❷前述徽州人程宗猷曾在嵩山少林寺习武10余年,他尤其注重学习少林棍,其棍法达到炉火纯青的地步。后来在

---

❶ 木宫泰彦著,胡锡年译《日中文化交流史》之《明清篇》,北京:商务印书馆,1980年版,第704页;嵩山少林寺特辑《少林寺大事记》,《中华武术》2003年第9期。

❷ 俞大猷:《正气堂续集》卷三《新建十方禅院碑》,明隆庆年间刻本。

别人劝说下,他将自己平生所学少林棍法与多年的实践经验结合起来,进行总结升华,写成《少林棍法阐宗》❶一书,于万历四十四年(1616年)刊行于世。在《自序》中他说:

> 余自少年即有志疆场,凡闻名师不惮远访,乃挟资游少林者,前后阅四十载。始事洪纪师,混迹徒众,梗概粗闻,未惮厥技。时洪传师年逾八十,耄矣,棍法神奇,寺众推尊。嗣复师之日,得闻所未闻。宗想、宗岱二师,又称同好,练习之力居多。后又有广按师者,手臂法门中高足,尽得转师之技而神之,耳提面命,开示神奇。后以出寺同游,积有年岁,变换之神机,操纵之妙远,由生诣熟,缘渐得顿,自分此道,或居一得。至于弓、马、刀、枪等艺,颇悉研求,然半生精力瘁矣。余叔祖武学生云水、侄君信、太学生涵初,昔曾同学少林者,尝以少林棍法只凭师僧口授心识,谓余尝创图诀,公诸同志,余谢不敏。久之,四方贤俊妄相推借,督以为隐,乃不获已,爰从暇日,衰集师友所授,及阅历证合者,命工缮写图象,不辞鄙俚,缀以歌诀于左,积录成帙,名曰《少林棍法阐宗》。❷

明代中期以后,总结介绍少林武术的著作不断涌现。除上面提到的戚继光的《拳经》、俞大猷的《剑经》、程宗猷的《少林棍法阐

---

❶ 程宗猷:《少林棍法阐宗》之《纪略》,明天启元年刻本。
❷ 程宗猷:《少林棍法阐宗》之《自序》,明天启元年刻本。

宗》以外，还有茅元仪的《武备志》、唐顺之的《武编》及少林武僧洪转的《梦绿堂枪法》，等等。有关少林武术理论的总结和出版，是少林武术日趋成熟的标志之一。加之当时雕版技术进步，版画形式普遍运用，图文并茂的直观表现极便照本研习。正如程宗猷所云："庶几一触目间，而形势昭然，俾人人得以自师云耳。"❶这就突破了少林武术传播方式上言传身教的局限，推动了少林武术的传播，极大地促进了少林武术的普及。

综上所述，明代是少林武术发展的繁盛时期。在此期间，少林武术不仅自身有了很大发展，而且少林僧兵以护法名义，积极参加"保邦靖世即传灯"的世俗活动，使少林武术在战场上大显神威，得到官民一致认可和颂扬，从而扬名天下，被视为天下武林之宗，以至于出现"夫今之武艺，天下莫不让少林"的局面。可以说，明代少林武术活动频繁，其流变的广度和速度都超过了以往各代，并在传播中得到发展，而发展又加速了其传播，在这一良性互动过程中，少林武术得到升华，逐渐走向辉煌。

---

❶ 程宗猷：《少林棍法阐宗》之《自序》，明天启元年刻本。

# 第五章　清代少林武术渐衰式微

清代，少林武术有一定程度的发展。清初至乾隆时期，构成少林武艺体系3个重要组成部分的拳术、器械与内功(气功)日益完备，标志少林武术体系的最终形成。❶ 尽管如此，由于在清代少林武术的生存空间发生很大变化，其发展的颓势已难以改变。

## 第一节　清代少林武术政治生存空间之演变

少林武术历经千余年的沧桑，进入清代后，其发展空间日趋狭窄，已经失去了昔日的辉煌。梳理相关史料不难发现，此中的原因固然很多，但是嵩山少林寺与清政府的关系没有得到根本改善是其中一个极其重要的因素。

### 一、清朝前期嵩山少林寺与清政府关系之紧张

明代，嵩山少林寺僧众为明朝统治者消弭内忧外患立下了汗马

---

❶ 旷文楠:《试论少林武术体系的形成》,《成都体育学院学报》1991年第2期,第1–7页。

功劳。明清鼎革之后,嵩山少林寺仍然心存"恋明"情结。顺治三年(1646年)三月,礼部给明代少林寺的末任住持彼岸海宽大师札子,任命他继续担任这座寺院的住持,但他却以足疾为由,对此任命不置可否,回到少林寺后静观时变,埋头整理、编撰《五家宗派世谱定祖图》。直到顺至十四年(1657年)二月,他看到清朝的统治日趋稳固,反清复明已经没有任何希望后,才接受清廷的任命,成为清代嵩山少林寺的第一任住持。海宽这种对清政府若即若离的态度充分说明他仍然十分留恋故明王朝。清初,在满汉民族矛盾尖锐的情况下,作为寺院住持的海宽对清王朝持此种态度,势必影响嵩山少林寺与清政府的关系。

清朝前期,嵩山少林寺与清政府明争暗斗,关系非常紧张。一方面,清政府对嵩山少林寺极为冷淡,限制其发展。雍正五年(1727年)十一月,为使"游手浮荡之徒知所儆惧,好勇斗狠之习不致渐染",以巩固统治,雍正帝"著各省督抚转饬地方官,将拳棒一事严行禁止",❶严禁民间习武,对曾为朱明王朝"走卒"的少林寺僧众习武当然要格外警惕。但少林寺却违反相关禁令暗中习武并与"无赖"往来,大触清统治者所忌。乾隆帝在一份朱批兵部右侍郎雅尔图的奏折中就指责少林僧徒"向以教习拳棒为名,聚集无赖,凶狠不法之辈效

---

❶ 《清世宗实录》卷六三,"雍正五年丁未十一月庚辰"条,北京:中华书局,1985年影印本,第 974–975 页。

尤成风"❶。

明清鼎革后，入主中原的清朝统治者不再如明朝统治者那样拨给少林寺僧兵粮饷，❷实际上等同于将其解散。为加强对嵩山少林寺住持的控制，顺治十四年（1657年），清政府规定其新任住持必须通过礼部的审查后，方颁给委任札子予以承认；❸康熙初年，少林寺的住持海宽退职，他的弟子纯白永玉继任住持，但永玉却因故于康熙三年（1664年）秋北上涿州，次年作了房山县石经山香树庵的住持。康熙五年（1666年）海宽圆寂后，一直到清王朝灭亡，清政府再也没有任命少林寺住持。❹康熙年间，清政府不仅取消了嵩山少林寺以往享有的优免田赋特权，而且对其大肆搜刮，"括田任污吏，增科及寺庄"❺。

除此之外，清统治者还屡次对嵩山少林寺的僧众大加责难。如雍正十三年（1735年），河东总督王士俊"绘图呈览"，图文并茂地奏称，河南嵩山少林寺岁久失修，请求进行维修。雍正帝看图时发现门头25处房屋距离寺院比较远，"零星散处"，都不在此寺院之内，

---

❶ 《朱批奏折》，乾隆四年十月十九日兵部右侍郎雅尔图奏；《清高宗实录》卷一〇七，"乾隆四年十二月（下）壬辰"条，《清实录》第10册，北京：中华书局，1985年影印本，第604–605页也有类似内容。
❷ 赵宝俊：《少林寺》，上海：上海人民出版社，1982年版，第54页。
❸ 叶封，施奕簪：《少林寺志》之《部札》，清乾隆十三年刻本。
❹ 温玉成：《少林访古》，天津：百花文艺出版社，1999年版，第337–338页。
❺ 乾隆《河南府志》卷九八《艺文志二十二·诗·少林寺》，清乾隆四十四年刻本。另见张穆撰《顾亭林先生年谱》。

他立即警觉起来，声色俱厉地斥责说："向来直省房头僧人，类多不守清规，妄行生事，为释门败种"❶。措辞之严厉，令人吃惊，不难窥见他对此寺院僧人的成见确实很深。

乾隆十五年（1750年），乾隆帝驾临嵩山少林寺，虽然御制诗四首，并书写匾额，但是在《题面壁石》一诗中，他对达摩面壁的故事却不以为然，批判道：

  大地那非碧眼僧，九年面壁却何曾。

  宋云道是逢葱岭，五叶原教到慧能。

  片石无端留色相，千秋不必考明征。

  我非见布疑赝者，画取由他故事增。❷

此诗字里行间流露出清朝最高统治者对嵩山少林寺的蔑视，这与以往绝大多数朝代的帝王对此寺院的毕恭毕敬形成了鲜明的对照。

另一方面，嵩山少林寺亦表面上佯作与世无争，实际上暗中多有损害清政府利益的活动。关于这一点，下文将详细论述，于此不赘。

（一）清政府实行限制汉族地区宗教发展的政策

清初，民间秘密宗教组织纷纷出现，它们大多以"反清复明"作为自己的宗旨。而为防范人口众多的汉族百姓借此类组织进行反抗与保证赋税收入，清王朝在对其严加取缔时，极力压制汉族地区

---

❶ 叶封，施奕簪：《少林寺志》之《艺林·宸翰》，清乾隆十三年刻本。

❷ 乾隆《登封县志》卷一《皇德记》，清乾隆五十三年刻本。

宗教的发展。尽管满清统治者崇信藏传佛教，却在制定宗教政策时执行双重标准：在扶持藏传佛教的同时，竭力限制汉族地区的佛教和道教发展。《大清律例》严格规定：

> 凡寺观庵院，除见在处所先年额设外，不许私自创建增置，违者，杖一百，僧道还俗，发边远充军，尼僧、女冠入官为奴，地基材料入官。若僧道不给度牒，私自簪剃者，杖八十；若由家长，家长当罪。寺观住持及受业师私度者，与同罪，并还俗入籍当差。……民间子弟户内不及三丁，或在十六以上而出家者，俱枷号一个月，并罪坐所由。僧道官及住持知而不举者，各罢职还俗。……民间有愿创造寺观神祠者，呈明该督抚具题，奉旨方许营建。若不俟题请，擅行兴造者，依违制律论。……僧道年逾四十者，方准招受生徒一人。如有年未四十即行招受及招受不止一人者，均照违令律笞五十。僧道官容隐者，罪同。地方官不行查明，交部照例议处。所招生徒勒令还俗。❶

清政府不仅对寺观的设置、百姓出家与僧人道士招收弟子的条件等作了严格限制，而且辅以具体而严厉的惩罚、株连措施，这些举措严重挤压了汉族地区宗教的生存、发展空间。嵩山少林寺是"禅宗祖庭"，不难想象，清政府实行此政策势必使其首当其冲。这是嵩山少林寺与清政府关系紧张的根本原因。

---

❶ 徐本等：《大清律例》卷八《户律·私创庵院及私度僧道》，影印文渊阁《四库全书》第672册，台北：台湾商务印书馆，1986年版，第525–526页。

## （二）嵩山少林寺容留明朝遗民

清初，嵩山一带"树木麻林，荆棘茂盛；虎狼当道，行人被伤；盗贼潜藏，客商失货"❶。由于少林寺的僧众心存的恋明怨清情愫，故许多明朝遗民和反清人士或视此寺院为藏身匿迹的理想场所，或将其作为永不仕清的明志之地。如生活于康熙、雍正、乾隆年间的大侠甘凤池的师父朝元和尚，他本是明朝的宗室，在明朝灭亡后就避居嵩山少林寺；❷再如生于明万历年间，卒于清康熙初年的形意拳创始人姬际可，明亡后具有强烈的忠明反清思想，遂隐蔽少林，结交反清志士，从事反清复明活动。❸为此，清政府视嵩山少林寺为故明遗民藏匿之渊薮。这是二者关系紧张的一个直接原因。

## （三）嵩山少林寺与秘密教门组织有密切的联系

如前所述，清政府不仅取消了嵩山少林寺以往享有的优免赋税特权，而且对其多有压制之举，个别寺僧曾暗中与反清秘密教门组织人员过往甚密，甚至窝藏清政府缉捕的要犯。如乾隆二十二年（1757年），一位被捕的教门组织骨干人员徐济庵就供认，他曾经在

---

❶ 《广惠庵僧地执照碑》，释永信：《中国少林寺（碑刻卷）》，北京：中华书局，2003年版，第265页。
❷ 墨井：《甘凤池拳谱·甘凤池小史》，上海：上海中西书局，1929年刊本。
❸ 无谷，姚远：《少林寺资料集续编》，北京：书目文献出版社，1984年版，第257–259页。又见黄新铭：《姬际可传》，《武林》1983年第4期。

雍正十三年（1735年）躲藏于嵩山少林寺长达一年之久。❶因此，清朝统治者对嵩山少林寺多有指责。这是二者关系紧张的另一个直接原因。

嵩山少林寺饱受明清鼎革兵燹的摧残，又与清政府关系紧张，处境异常艰难，"栋宇剥蚀，半属倾颓"❷。明末，其初祖庵尚有少数僧人供奉香火，而清初，此庵却是"荆莽蔽天，藤萝塞户，无人居者数年"❸。十方禅院也是"巍巍佛龛，鞠为茂草"❹，一片荒凉。康熙十八年（1679年），顾炎武游嵩山少林寺时，看到因清政府"括田任污吏，增科及寺庄"，致使此寺院的僧人缺粮，大量外逃，寺院内"今者何寂寥，阒矣成芜秽，坏壁出游蜂，空庭雏荒雉"❺，一片狼藉。康熙二十三年（1684年），河南分守道张思明在嵩山少林寺看到寺院内"法堂草深，宗徒雨散"，千佛殿西边的"榛莽荒秽中，散瓦数椽，风雨不蔽"❻；康熙二十五年（1686年），官员吴薰沐至嵩山少林寺，也目睹昔日"兰椽藻井，久号珠宫"的白衣大士殿，早

---

❶ 乾隆二十二年四月初九日河东盐政那俊奏报，中国第一历史档案馆：《录副奏折》，该馆藏本。
❷ 雍正《河南通志》卷七九《重修少林寺碑记》，清雍正十三年刻本。
❸ 参见嵩山少林寺存康熙十三年立《造像共馨碑》。
❹ 《重修十方禅院记》，释永信：《中国少林寺（碑刻卷）》，北京：中华书局，2003年版，第256页。
❺ 顾炎武：《少林寺》，乾隆《河南府志》卷九八《艺文志二十二·诗》，清乾隆四十四年刻本。
❻ 《重建慈云庵碑记》，释永信：《中国少林寺（碑刻卷）》，北京：中华书局，2003年版，第260页。

已倾废于荆棘灌丛之中。❶ 显而易见，清朝前期，嵩山少林寺与清政府关系紧张，加剧了其寺破僧少的窘困处境。可想而知，少林武术的生存与发展也面临严峻考验。

## 二、清朝中后期嵩山少林寺与清政府关系的有限改善

清初，战乱、灾荒频仍，百姓生计维艰。诚如康熙帝所言："迩年水旱频仍，盗贼未靖，兼以贪官污吏肆行朘削，以致百姓财尽力穷，日不聊生。"❷ 身处如此民不聊生的窘境，许多人看到出家可以"偷享安闲，不耕而食，不蚕而衣，不货殖而财用有余"❸，遂趋之若鹜，将出家作为一条重要生路，"游民日众，托业沙门，亦聊以自赡耳"❹！而因为与清政府关系紧张，"豫省少林寺岁久失修"❺，残破不堪，不仅影响了许多人的出家谋生之途，也迫使众多身怀绝技的嵩山少林寺武僧背井离寺。迫于生计，他们或当镖师，或开馆授徒，或街头卖艺。个别武僧则倚仗武艺，恣意妄为，甚至铤而走险成为清王朝的异己，严重危害社会秩序。清统治者敏感地意识到了此问

---

❶ 《慈云庵恭塑白衣大士圣像记》，释永信：《中国少林寺（碑刻卷）》之，北京：中华书局，2003年版，第261页。
❷ 总理衙门：《御制文集》卷一《敕谕·谕吏部》，清光绪五年铅印本。
❸ 余继登：《典故纪闻》卷一三，北京：中华书局，1981年版，第231页。
❹ 徐珂：《清稗类钞》稗三十七《宗教类·宗教维系人心》，上海：商务印书馆，1920年版，第15册，第2页。
❺ 叶封，施奕簪：《少林寺志》（不分卷）之《艺林·宸翰》，清乾隆十三年刻本。

题的严重性。再者，雍正年间"摊丁入亩"后，僧人、道士数量的多寡已无关乎赋税收入之盈绌。因而乾隆年间当某御史奏请对其裁汰时，乾隆帝就否定说，"今之僧、道实不比昔日之横恣"，其教已式微，不足以惑世诬民，反而可以养流民，若大量裁减，则"将此数千百万无衣无食、游手好闲之人置之何处"。❶

因此，清朝统治者逐渐改变了对嵩山少林寺一味冷淡、限制的政策，在心存戒备之时，转而示以友好，多次出入寺院，并对其进行营建。兹将这些活动择其要者进行梳理（表5–1）。

**表5–1 清代中后期统治者出入和营建嵩山少林寺一览表**

| 年代 | 活动 |
| --- | --- |
| 康熙二十三年（1684年） | 河南分守道张思明至少林寺，次年，倡议为寺僧净升修慈云庵 |
| 康熙三十五年（1696年） | 刑部左侍郎田雯祭中岳时至少林寺 |
| 康熙四十三年（1704年） | 康熙帝赐少林寺御书"少林寺"匾额（上嵌"康熙御笔之宝"方形印玺）和"宝树芳莲"匾额 |
| 雍正十三年（1735年） | 雍正帝谕令大规模整修少林寺，此工程耗银九千两 |
| 乾隆五年至十三年（1740—1748年） | 河南分巡道、按察使司副使张学林每年祭中岳时都至少林寺 |
| 乾隆八年（1743年） | 乾隆帝赐少林寺《大藏经》 |
| 乾隆十年（1745年） | 登封县令施奕簪重修大雄殿 |

---

❶ 小横香室主人：《清朝野史大观》卷一一《清代述异·僧道不必沙汰》，上海：上海书店，1981年版，第5册，第127–128页。

续表

| 年代 | 活动 |
| --- | --- |
| 乾隆十五年（1750年） | 乾隆帝驾临少林寺，热情接见寺僧善修、净府等人，驻跸方丈，题诗书匾。汝州知州王祖晋奉命督修少林寺 |
| 乾隆三十七年（1772年） | 河南巡抚何煟至少林寺 |
| 乾隆三十八年（1773年） | 开封府知府王启绪至寺，并倡议重修千佛殿。河南巡抚徐绩（按：次年十月，他任豫抚）等官员踊跃捐资，至乾隆四十一年竣工 |
| 道光七至八年（1827—1828年） | 河南巡抚杨国桢重修寺内钟鼓楼、御座房和御碑亭 |
| 道光八年（1828年） | 河南道员麟庆至少林寺，表示若只为保山护寺，寺僧可以习武，随后观看武僧比武 |
| 道光二十七至三十年（1847—1850年） | 登封县僧会司重修少林寺山门前的少阳桥 |
| 咸丰元年（1851年）秋 | 河南府知府贾臻祭祀中岳时至少林寺 |

资料来源：叶封，施奕簪：《少林寺志》之《营建》和《宸翰》，清乾隆十三年刻本；乾隆《登封县志》之《皇德记》和《坛庙记·祀典》，清乾隆五十三年刻本；麟庆：《鸿雪因缘图记》卷一《少林校拳》，清道光二十七年刻本；释永信：《中国少林寺（碑刻卷）》，北京：中华书局，2003年版，第260–301页。

由表5–1可知，为安抚嵩山少林寺僧人，巩固统治，清朝统治者并没有如民间所传说的那样在康熙、雍正年间两次火焚嵩山少林寺，反而对其屡加营建，多次巡视；而且在道光年间，清政府严禁嵩山少林寺僧人习武的政策也有所松动。此外，清朝统治者对嵩山少林寺也进行一定程度的保护。例如，嘉庆二十年（1815年）五月二十七日，河南府汝州知州熊象阶奉旨到少林寺"查缉逆犯"，他"察其在寺僧人耕种焚修，并无匪犯踪迹"，反而得知登封县的书办和差役每遇公事下乡,经常到寺院索饭食,寺院僧人不堪其扰累,遂下令禁止登封县的书办和差役到此寺院索饭,对嵩山少林寺进行保护。❶

而随着时光流逝和清朝的统治日益稳固,嵩山少林寺的僧人对"反清复明"已经不抱有任何幻想,恋明怨清的情结日趋淡化。同时,他们从所受清廷压制中也逐渐明白了佛教的盛衰"每系于时君之好恶"❷,"不依国主,则法事难立"❸这一不言自明的简单道理,深深认识到自己与清政府不睦,非常不利于少林寺和少林武术发展,遂对示好的清政府投桃报李。康熙三十五年(1696年),因河南分守道张思明倡议为寺僧净升修慈云庵,少林寺为其建祠堂,立《创建张公祠堂德政歌碑》;❹嘉庆二十年,因登封知县黎某禁止下乡的胥吏到少林寺索取饭食,寺僧为其立《合寺众僧世代感恩碑》;❺道光十三年(1833年),为登封知县李清廉立《登封县李太老爷感戴碑》;❻道光

---

❶《熊大老爷告示碑》,释永信:《中国少林寺(碑刻卷)》,北京:中华书局,2003年版,第288页。

❷ 宋濂等:《元史》卷二〇二《列传·释老》,北京:中华书局,1976年点校本,第4517页。

❸ 释慧皎:《高僧传》卷五《释道安》,北京:中华书局,1992年版,第178页。

❹《创建张公祠堂德政歌碑》,释永信:《中国少林寺(碑刻卷)》,北京:中华书局,2003年版,第268页。

❺《合寺众僧世代感恩碑》,释永信:《中国少林寺(碑刻卷)》,北京:中华书局,2003年版,第289页。

❻《登封县李太老爷感戴碑》,释永信:《中国少林寺(碑刻卷)》,北京:中华书局,2003年版,第294页。

二十二年（1842年），为登封知县何某立《何大老爷世代感德碑》。❶
此种事例不胜枚举，表明嵩山少林寺对清政府的态度也在改变，二
者间关系趋于缓和。

### 三、嵩山少林寺与清政府关系演变特点及影响

如前所述，为巩固统治，清政府对嵩山少林寺的冷漠态度有所
改变，并对其屡加营建，嵩山少林寺亦频繁向清廷示好，二者间的
关系趋于改善，然而嵩山少林寺衰落的步伐并未因此而停止。之所
以如此，除受清政府限制汉族地区宗教发展的基本政策和近代化因
素影响外，一个重要原因在于，虽然二者的关系日渐缓和，但是并
未根本改善。就清政府而言，尽管其对少林寺的严厉态度有所改变，
但是疑忌、防范之心始终未消，这种态度的改变是有限度的。

清政府营建嵩山少林寺的主要目的，是加强对此寺院的整顿
和管理。如乾隆初年修缮工程结束后，虽然寺院的面貌焕然一新，
但是直至清朝灭亡，清政府也未向嵩山少林寺派遣住持，对其仍存
疑忌。

乾隆四年（1739年）十月十九日，河南巡抚、兵部右侍郎雅尔
图奏称：

---

❶ 《何大老爷世代感恩碑》，释永信：《中国少林寺（碑刻卷）》，北京：中华书局，2003年
版，第296页。

> 更豫省少壮之民，习于强悍，多学拳棒。如少林僧徒，向以教习拳棒为名，聚集无赖，凶狠不法之辈效尤成风。邪教之人，专意诱骗此等入伙，以张羽翼。❶

乾隆四十年（1775年）五月，乾隆帝闻知河南巡抚徐绩聘请少林武僧到兵营教习武艺，急忙发谕旨阻止，痛斥徐氏道：

> 僧人既经出家，即应恪守清规，以柔和忍辱为主，岂容习为击刺，好勇逞强？有地方之责者闻之，尚当设法潜移默化，何可转行招致传授，令售其技乎？……徐绩何不晓事若此？著传谕申饬，并令将召致各僧即行遣回。❷

对于出家人练习武艺及传授武术，乾隆帝持坚决反对态度，这意味着少林武术在政治领域谋求发展已无任何可能，仅余民间社会唯一的发展空间。

毫无疑问，清最高统治者对嵩山少林寺和少林武术的成见并未消除，这必然会影响到地方官员对嵩山少林寺的态度。例如，嘉庆二十年（1815年）五月二十七日，即将升任河南府汝州知州的熊象阶奉旨到嵩山少林寺"查缉逆犯"，虽然他"察其在寺僧人耕种焚修，并无匪犯踪迹"，却声色俱厉地训诫说："该僧众务须安分焚修，不得容留外来游匪在寺，以重宸翰而守古迹，毋得违误

---

❶ 中国第一历史档案馆：《朱批奏折》，乾隆四年十月十九日兵部右侍郎雅尔图奏折，中国第一历史档案馆藏本。

❷ 《清高宗实录》卷九八三，"乾隆四十年五月甲子"条，《清实录》第21册，北京：中华书局，1985年影印本，第122–123页。

自贻伊戚。"❶道光二十二年（1842年）三月，登封知县何某警告寺僧说：

> 该僧人等务宜洗心涤虑，各自焚修，认诵经卷，耕耨农田。凡俗家诸色人等，概不许私相往来。亦不许干预外事，窝藏匪人，滋生事端。倘敢故违，一经举发实行，加等治罪。至俗家人等，不准在寺□□□赌；佃户人等，另住一处，不准与僧家比邻同居，以示分别。如有□□□□□等，立即禀请究逐。❷

登封知县何氏意欲割断嵩山少林寺与民间的联系，以从根本上解决其"滋生事端"、危害清朝统治的问题，可谓用心良苦，但事实证明这是徒劳的。

客观而言，清政府对嵩山少林寺始终保持警惕并非杞人忧天。在与清政府的关系缓和后，嵩山少林僧众对清政府的以上警告置若罔闻，仍然我行我素，与民间秘密教门组织保持着一定的联系。❸诚如乾隆帝所言，嵩山少林寺僧人"素以教习拳棒为名，聚集无赖"，而这些学过少林武术的"无赖"多加入各种秘密教门组织。❹不仅如此，

---

❶ 嘉庆二十年（1815年）五月二十七日立《熊大老爷告示碑》，释永信：《中国少林寺（碑刻卷）》，北京：中华书局，2003年版，第288页。

❷ 《登封县正堂告示碑》，释永信：《中国少林寺（碑刻卷）》，北京：中华书局，2003年版，第295页。

❸ 乾隆二十二年四月初九日河东盐政那俊奏报，中国第一历史档案馆藏：《录副奏折》，中国第一历史档案馆藏本。

❹ 《高宗纯皇帝实录》卷一〇七，"乾隆四年十二月壬辰"条，《清实录》第10册，北京：中华书局，1985年影印本，第604页。

少林寺还窝藏清廷严加缉捕的秘密教门人员。嘉庆二十年(1815年)，河北坎卦教头目刘玉瀍和山东离卦教骨干张洛焦事发后潜逃，知情者即供认称"刘玉瀍已逃往少林寺去"，"追究刘玉瀍下落，在少林寺一带即可"，❶"张洛焦也或至少林寺不定"❷。嘉庆帝得知这一消息之后，急忙谕令河南官员"派人于嵩山少林寺一带严密缉拿刘玉瀍、张洛焦，毋稍疏纵"❸。

对于教门人员刘玉瀍、张洛焦等人在事发以后，为何潜逃嵩山少林寺而不是其他地方，当时任河南巡抚的方受畴入木三分地分析道：

> 少林寺系在河南府属登封县境嵩山之麓，地方荒僻，易于藏匿……如有气类相通、平素熟悉之人，自必容留窝住。❹

此外，一些土匪亦混迹于嵩山少林寺。道光二十二年（1842年）三月，清政府就指责其房头僧人"留容匪人"。❺咸丰五年（1855年）六月，此寺院的僧人在所立《合寺僧俗公议规矩碑》中也承认说：

---

❶ 《农民运动·秘密结社项》，《录副奏折》补1307卷4号，第2379卷1号，中国第一历史档案馆藏。按：康熙初年，山东人刘佐臣创建秘密反清组织"八卦教"即"五荤道"，河北坎卦教和山东离卦教均为其分支。刘玉瀍擅长八卦拳，张洛焦擅长拳棒、金钟罩和推拿医道。

❷ 嘉庆二十年五月二十五日直隶总督那彦成奏报，《录副奏折》，中国第一历史档案馆藏本。

❸ 嘉庆二十年五月二十一日河南巡抚方受畴奏折，《录副奏折》，中国第一历史档案馆藏本。

❹ 同❸。

❺ 《登封县正堂告示碑》，释永信：《中国少林寺（碑刻卷）》，北京：中华书局，2003年版，第295页。

近经兵荒，匪人蜂起，混迹道门，借游滋事。……更有结队成群，谋为抢掠者，合寺均受其累。❶

嵩山少林寺僧人还违禁习武。如前所述，为巩固统治，雍正帝严禁民间习武，清朝后继统治者也继承了此政策。前揭道光八年（1828年），河南道员麟庆至嵩山少林寺，表示若只为保山护寺，寺僧可以习武。但这是他为了能够观看武僧比武而先打消寺僧顾虑的个人行为，❷并不意味着清政府彻底改变了禁止民间习武的基本政策。而嵩山少林寺的僧人却继续暗中习武，"昼习经典，夜演武略"❸。至光绪年间，他们长期练武的千佛殿内的地面竟然被踩出了一排排深深的脚坑，"屋地下陷，深数寸"❹。这表明嵩山少林寺的僧人们暗中偷偷习武，从未中断，这大犯清统治者所忌。

由上可知，嵩山少林寺与清政府的关系虽然有所缓和，但是隔阂犹存，若即若离，关系并没有根本改善。这严重影响了寺院和少林武术的发展。雍正十三年（1735年）寺院大规模整修后，嵩山少林寺的发展依照常理应该会大有起色，但因清政府对其疑忌之心始终未消除，不时进行限制，加之僧人稀少，维护不力，不久，寺院就重现颓状。乾隆初年，登封知县施奕簪游玩至嵩山少林寺，即目

---

❶《合寺僧俗公议规矩碑》，释永信：《中国少林寺（碑刻卷）》，北京：中华书局，2003年版，第302页。
❷ 麟庆：《鸿雪因缘图记》卷一《少林校拳》，清道光二十七年刻本。
❸ 参见嵩山少林寺存道光二十六年立《西来堂志善碑》。
❹ 席书锦：《嵩岳游记》卷四《僧兵》，1919年铅印本。

睹寺内"吴画委荒草，唐文叠石层。琼楼藏鼠雀，丽宇聚蜂蝇。无复前朝树，空闻古洞藤"❶。乾隆十三年（1748年），河南分巡道、按察使司副使张学林至嵩山少林寺，亦感慨地说："自有此寺以来，元魏李唐间，翠华游豫，尤为极盛一时，离宫别馆之饇金泥玉检之文，与夫高僧隐士之窟，骚人墨客之遗丰碑大刻，千章十围之森列，照耀林谷，几与二室群峰并峙不朽。而沧桑递变，不幸为风霜之所剥，兵火之所燔，樵童牧竖之所摧折，欲求当年之髣髴已邈不可得，徒存其名于残篇零楮之间，以供登临者之想象凭吊而已，是可慨也！"他见其建筑往往因"守土者不加爱惜，而寺僧辈更缘以为利，其间划削者又不知凡几，远倩抚名迹之就芜"❷。

乾隆十九年（1754年），清政府废除"度牒"制度后，随着一些滥竽充数之徒混入，嵩山少林寺僧人队伍的整体素质逐渐下降。更糟糕的是，道光朝以降，受社会危机不断加深和世风日下影响，嵩山少林寺的纲纪日趋败坏，"各房头僧人往往交结俗家，容留匪人，或邀约酗酒，或聚会赌博，甚至朋比窝娼，构串结讼"❸，"种种妄为，殊堪痛恨"❹。而登封县的书办和差役每次下乡办事，"辄至寺中需

---

❶ 叶封，施奕簪：《少林寺志》（不分卷）之《上元后三日偕友游少林寺》，清乾隆十三年刻本。
❷ 叶封，施奕簪：《少林寺志》（不分卷）之《张学林序》，清乾隆十三年刻本。
❸ 《熊大老爷告示碑》，释永信：《中国少林寺（碑刻卷）》，北京：中华书局，2003年版，第288页。
❹ 《登封县正堂告示碑》，释永信：《中国少林寺（碑刻卷）》，北京：中华书局，2003年版，第295页。

索饭食",加之庄稼多年歉收,寺院僧人生活非常艰难,嵩山少林寺更加衰落。

明代,少林寺有僧人1000多名,良田10 000余亩。而至清末民初,仅存僧人200余名,田地2870余亩,已今非昔比。

嵩山少林寺日趋衰落使少林武术的发展也受到影响,而少林寺与清政府的关系无根本改善既令少林武术在官方领域无法发展,又严重挤压了其发展的民间社会空间。在民间,嵩山少林寺的武僧或当镖师,或做教头,或落草为寇,甚至沦落街头靠卖艺糊口。❶

纵观有清一代,嵩山少林寺与清政府之间的关系经历了一个由极度紧张到逐渐缓和的演变过程。清朝前期,嵩山少林寺与清政府的关系非常紧张,这加剧了其处境的窘困。康熙中后期,为巩固统治,又因嵩山少林寺特殊的"禅宗祖庭"宗教地位,清政府在心存戒备之时,逐渐改变了对其一味严厉限制的政策。嵩山少林寺对清政府的态度也在改变,他们的关系有所缓和,于乾隆年间达到最佳。但是其关系的缓和是有限度的,二者在示对方以友好的同时,又互相防范,若即若离,关系并未彻底改善。这一切使少林武术的政治生存空间日益狭窄,迫使其加速向民间发展与传播。

---

❶ 徐珂:《清稗类钞》稗五〇《技勇类·老僧与黎某竞斗》,上海:商务印书馆,1920年版,第22册,第175页。

## 第二节　清代少林武术的民间传播

清初，统治者与嵩山少林寺的关系非常冷淡，不仅取消了其僧兵由国家供给的粮饷，而且对这座寺院课以重税，致使寺院僧人因缺食而大量逃离寺院，流亡到他处谋生，出现"住守无一二"而"今者何寂寥？阒矣成芜秽"的颓状。直到康熙十八年（1679年），嵩山少林寺内仍满目残垣断壁，颓状堪忧，"坏壁出游蜂，空庭雏荒雉"，一片狼藉，近于废弃。❶离开嵩山少林寺的武僧们或落草为寇，或到镖局充任镖师，或到势家富室充当护卫，或到武馆当教头，或流落江湖以卖艺为生，这客观上促进了少林武术在民间的发展与传播。

如前所言，雍正五年（1727年），清政府下令严禁少林寺僧人习武，这极大挤压了少林武术传播发展的空间。❷虽然后来清政府基于巩固自身统治的考虑，对嵩山少林寺的冷淡态度有所改变，并对其加以修缮，但戒备、忌惮之心始终没有消除。在浩繁的清代史料中，我们很难发现嵩山少林寺武僧"疆场有难虞，遣之捍王事"❸的记载，而更多的是对此寺院僧人的多方责难，这正是清政府此

---

❶ 顾炎武：《少林寺》，乾隆《河南府志》卷九八《艺文志二十二·诗》，清乾隆四十四年刻本。

❷ 《清世宗实录》卷六三，"雍正五年丁未十一月庚辰"条，《清实录》第7册，北京：中华书局，1985年影印本，第974–975页。

❸ 顾炎武：《少林寺》，乾隆《河南府志》卷九八《艺文志二十二·诗》，清乾隆四十四年刻本。

种心态的反映。乾隆四十年（1775年）五月，乾隆帝坚决反对河南巡抚徐绩聘请少林武僧前往兵营教习武艺的做法，并严厉斥责他说：

> 昨日徐绩奏覆绿营演习连环鸟枪一折，据称临阵制胜，鸟枪之外莫过长枪。访闻少林寺僧人鎗（同"枪"——引者）法凤有传授，现在招取数名来省，发令各营学习等语，殊属非是。但僧人既经出家，即应恪守清规，以柔和忍辱为主，岂容习为击刺，好勇逞强？有地方之责者闻之，尚当设法潜移默化，何可转行招致传授，令售其技乎？且以僧人教习营兵，既属非体，且使人传为笑谈，徐绩何不晓事若此？著传谕申饬，并令将召致各僧即行遣回。❶

直到道光八年（1828年）河南道员麟庆代巡抚杨国桢祭祀中岳嵩山至少林寺，在紧那罗殿前欲观看少林武僧校拳。此寺院的当家僧人听后噤若寒蝉，顾左右而言他。麟庆急忙宽慰道："少林拳勇，自昔有闻，只在谨守清规，保护名山，正不必打诳语。"经麟庆多方开导，保证不追究少林寺僧人练习武艺的责任之后，寺院的当家僧人才挑选了几名武艺高强的武僧在大殿前演练武艺给麟庆看，"乃选健僧校于殿前，熊经鸟伸，果然矫捷"。❷

---

❶《清高宗实录》卷九八三，"乾隆四十年五月甲子"条，《清实录》第22册，北京：中华书局，1985年影印本，第122—123页。

❷ 麟庆：《鸿雪因缘图记》卷一《少林校拳》，清道光二十七年刻本。

清朝统治者对嵩山少林寺僧人习武保持高度敏感的戒备心态，意味着少林武术活动的价值主旨已经从政治领域内彻底淡出，仅剩余民间社会这一活动空间。尤其是在登封县一带，民间练习少林武术成风，所谓"民国以前，在漫长的封建社会里，人民生活贫困，社会上没有人管理体育。……唯少林武术是登封县特有的体育，不少村庄自发组织青壮年，兴办武术班，传授各类拳术知识，进行练武活动"❶。

## 一、充任护卫

清初，天下初定，社会不宁，"群盗蜂起"。太湖一带有赤脚张三、毛二、沈泮、柏相甫、扒平大王等大盗，他们盘踞于澱山、长白荡、澄湖等处，在白昼抢劫，名曰"打粮"。他们往往将"缙富人及爱子擒匿盗穴"，勒令其家人在一定期限内用"千金、万金以取赎"。过期家人不至，被绑架者就会被施以"水牢、河泥、粪土窖、烟熏眼等刑"。这些大盗还"自投刺谒巨室"，名曰"贷饷"。如果遭到拒绝，他们黑夜必烧劫"巨室"之家。他们不扰害穷人，"贫人献新者或邀厚赏"，故而许多人来投奔。赤脚张三等在这一带"流毒数十年"，

---

❶ 郭明智：《登封县志》第二十一编《卫生体育》之第二章《体育》，郑州：河南人民出版社，1990年6月第1版，第594页。

才被官府剿灭。❶清朝中期，各种矛盾层出不穷，经常发生抢劫之事。如嘉庆二年（1797年）中秋之夜，江苏苏州城阊门内某"巨室"家中，遭到3个武艺高强、手执凶器的强盗抢劫，不巧他们被人发现，家奴见其蹲伏屋脊，于是鸣锣集众，观者如鲫，"三盗惊走，一以腹贴瓦，如蛇之游，迅速无比；一以手代足，倒身而行，亦甚至捷；一则纵身跳跃，簦瓦无声"。家奴们"枪棍齐举"，仅捕获善于跳跃者，而不久此盗仍逃脱了。这个富家有幸逃过一劫，但是第二天，"则下塘某质肆之银房被劫一空矣"。❷

中原一带的社会治安也不理想，此问题在河南西部尤为突出，这里"山箐丛密"，南阳府与河南府交界处强盗更多，号称"盗薮"。有群盗号称"刀匪"，其首领称为"杆子首"，光绪年间，洛阳的张黑子、汝州的董万川、南阳的王八老虎，尤为剽悍。此时，河南吏治不修，政敝民困，于是"贫者从盗以为生，富者奉盗以苟存。白昼剽劫，房人勒赎，固莫敢谁何也"❸，当地的社会治安大坏。

清朝末年，贪官污吏蠹国病民，为非作歹，迫使缺衣少食、无

---

❶ 徐珂：《清稗类钞》稗八三《盗贼类·苏盗打粮》，上海：商务印书馆，1920年版，第39册，第7页。
❷ 徐珂：《清稗类钞》稗八三《盗贼类·盗善走》，上海：商务印书馆，1920年版，第39册，第19页。
❸ 徐珂：《清稗类钞》稗八三《盗贼类·豫西刀匪之多》，上海：商务印书馆，1920年版，第39册，第42页。

立锥之地的贫民或落草为寇，或揭竿而起，进行武力反抗。盗贼们在抢劫之前，往往先探明当地"富室"的情况和居室所在，之后再群起下手抢劫。他们抢劫时，为防止"富室"的家人出门呼救，"或有兵警往捕"，则以数人守其宅的前后左右，名曰"把风"。❶这种瓮中捉鳖式的抢劫需要官僚富室未雨绸缪，在平日即做好充分的安全准备。于是在社会治安差强人意之下，为了保命守财，许多官僚富室往往不惜重金雇用一些武艺高强的保镖来看家护院，甚至作为自己的贴身保镖。而少林武术在社会上享有"天下功夫出少林"的美誉，因而许多官员雇用保镖时，往往将精通少林武艺的习武者作为优先考虑的对象。如清末西陵易州人张忠（又名张洛忠）在嵩山少林寺习武十多年，学得点穴术、擒拿术、七十二艺揭谛功等少林绝技后，定居京师。当时，他虽然已经双目失明，在江湖上有"瞎罗汉"之称，但是因为其武艺高强，富商大贾仍然竞相聘请他看家护院。接受聘请后，夜间张忠趺坐室中，有盗贼必能寻声而往，以性打之自打功使盗贼自仆。❷精于少林武术者充任官僚富室的保镖，不仅提高了少林武术在社会上的声望，而且促进了少林武术的发展与传播。

---

❶ 徐珂：《清稗类钞》稗八三《盗贼类·盗有把风》，上海：商务印书馆，1920年版，第39册，第6–7页。
❷ 金恩忠：《少林七十二艺练法》第四篇《擒拿》，台北：台湾逸文出版社，2002年版；又见无谷，刘志学：《少林寺资料集》，北京：书目文献出版社，1982年版，第94页。

## 二、任职镖局

清代以来，统治者仍然执行"重农抑商"的传统政策，但是随着社会经济特别是商品经济的发展，国家对工商业的依赖程度有所增强。加之在士、农、工、商传统四业中，商业的利润之高人所共睹，而且商人的社会地位也有很大程度提高。因此，较之明代，清代"民多逐末"的现象很普遍，安徽和山西的经商者更多。雍正二年（1724年）五月九日，山西巡抚刘于义在奏折中即说："山右积习，重利之念甚于重名。子孙俊秀者多为贸易一途，其次宁为胥吏，至中材以下令之读书应试，以故士风卑靡。"对于刘氏的说法，雍正帝深表赞同，他在刘氏奏折上批示道："山右大约商贾居首，其次者肯力农，再次者谋为营武，最下者方令读书，朕所悉知，习俗殊可笑。"❶ 后来，雍正帝对商人的态度也有一定程度的改变，他将商业和其他行业一视同仁，曾说："朕视民商皆属一体，士、农、工、商虽各异业，皆系国家子民，理当一视。"❷

清代中期以来，许多地方随着人口不断增加，人地关系日渐紧张，单纯的农业生产已经不足以供养不断增多的人口。因此，许多人转奔商途，对经商趋之若鹜。

商人为了获取暴利，往往从事长途贩运，路途行人尤其是身携

---

❶ 鄂尔泰等：《雍正朱批谕旨》第47册，北京：北京图书馆出版社，2008年版，第54页。
❷ 《清朝文献通考》卷二八《征榷考三》，影印文渊阁《四库全书》第632册，台北：台湾商务印书馆，1986年版，第575页。

大量资财者要冒很大的风险。康熙八年（1669年），康熙帝承认"盗贼未靖"❶。康熙末年，"江浙闽广，则自二三月至九月，皆为盗艘劫掠之时"❷，年年为商民之患。康雍乾年间，一群绰号"老瓜"的盗贼肆虐中原一带，缢杀、掘坑掩埋无数客商行人，令路人闻之丧胆落魄。❸乾隆时，直隶、山东、河南等省"颇有行客单少，不能御侮，被匪类邀截于路，强取银钱行李而走者，又有扮作进香之人或乞丐之类以肆其抢夺者"❹。

为了化解商途中的破财甚至丢命风险，有的商人习武以自卫，如一位身怀少林武艺的广东茶商最终战胜了讹诈的无赖，化险为夷：

（茶商）某曰："世焉有横暴如此者！吾本无缚鸡力，虽然，既如此相迫，吾亦当一领教。"伫立待之。北人挥拳进，仅一交手，北人曰："此少林正宗也。"斗有顷，北人腾一足起中某，某佯装堕桥下。桥去水丈余，某堕桥下，离水面尺许，耸身起，立桥上，面不改色。方某堕时，北人以为胜，有矜色。至是，色顿变。某随曰："子技尚未也，世间异人多，速改尔业。不然，吾见子

---

❶ 总理衙门：《御制文集》卷一《敕谕·谕吏部·康熙八年六月六日》，清光绪五年铅印本。

❷ 蓝鼎元：《鹿洲初集》卷一《治台必告录·论海洋弭捕盗贼书》，影印文渊阁《四库全书》第1327册，台北：台湾商务印书馆，1986年版，第579–580页。

❸《清高宗实录》卷一〇七，"乾隆四年十二月（下）壬寅"条，《清实录》第10册，北京：中华书局，1985年影印本，第612页。

❹《清高宗实录》卷一一二，"乾隆五年三月庚戌"条，《清实录》第10册，北京：中华书局，1985年影印本，第652页。

之必败也。"北人乃弃钱遁。❶

此茶商凭借高超的少林武术震退无赖,使自己免受讹诈。但是,并不是每个商人都像此茶商那样有条件练武。所以,很多商人请武艺高强的人充当保镖。如明清时期的晋商到关外经商时,"虑有盗,往往结为车帮",每帮多者有 100 多辆车,并雇镖师以防不测。他们止宿时,"列车为两行,成椭圆形以为营卫。御者聚帐棚中,镖师数人更番巡逻,入则以犬代之,谓之'卫犬'"❷。此外,搜刮到巨额民脂民膏的官僚,往往请镖师护送其资财到故乡藏匿。例如,山东人王遂武艺高强,他投奔京城"万盛镖局"为镖师。在起初面试时,镖局主人想看一下他的功夫究竟如何,指着镖局后院长宽高皆为三尺的铁块让他"拳之"。王遂立即用拳头将铁块砸入土中一寸左右,顺利通过考试。被录用以后,镖局主人对他说:"若新来,无任大事。兹有某宦者装赍八千金归济南,若其不嫌,小试乎?"王遂答应后,主人乃为他"酌酒饯别",给他一面小旗道:"以此树车上,可无虞也。"之后,王遂立即启程护镖而行,为这名官员护送资财回济南老家。❸

---

❶ 徐珂:《清稗类钞》稗五〇《技勇类·茶商坠桥耸身起》,上海:商务印书馆,1920年版,第 22 册,第 168–169 页。

❷ 徐珂:《清稗类钞》稗四四《农商类·山西行商有车帮》,上海:商务印书馆,1920年版,第 17 册,第 73 页。

❸ 徐珂:《清稗类钞》稗五〇《技勇类·王遂拳铁块陷土》,上海:商务印书馆,1920年版,第 22 册,第 156–157 页。

由于少林武术在社会上的口碑极佳，因而身怀少林武艺的镖师往往成为首选。如嘉庆时，湖州练市镇为南北孔道。一天，有名商人"载巨资泊舟河下"，即带着两名会少林武术的少年镖师护镖。这两名少年镖师登岸买鱼时，与鱼牙沈大发生冲突，为沈大所败。一年多后，两名少年镖师的师父自嵩山少林寺来到练市镇为弟子报仇，这名僧人"折臀跛足，若不胜衰迈者"，他用五毒功击败沈大，为弟子雪了前耻。❶再如孙玉贡曾在嵩山少林寺学习少林拳，学得内家法，"善弹击"。他学成回乡后也充当镖师，商贾多聘请他保护财物。当时直隶有平素骁勇、号称"大刀柳"的强盗头目，他知道孙贡玉擅长用弹弓打人，惮于其威名，告诫自己的手下人不要冒犯孙氏，"以故望帜即驰去"❷。又如一个下肢瘫痪者来嵩山少林寺学艺，在寺院武僧指导下练习击石子之术，能够百发百中。他学成武艺之后，也从事船运的保镖行业，"每坐船头护水标，身旁置石一器，剧盗不敢近，遂业此终老焉"❸。此等事例所在多有，不胜枚举。

---

❶ 徐珂：《清稗类钞》稗五〇《技勇类·眇僧用五毒功》，上海：商务印书馆，1920年版，第22册，第65–66页。

❷ 徐珂：《清稗类钞》稗五〇《技勇类·孙贡玉碎钱箸》，上海：商务印书馆，1920年版，第22册，第157–158页。

❸ 寄泉：《蜨阶外史》卷二《少林寺僧》，上海：上海进步书局，民国年间刊本；此事又见徐珂：《清稗类钞》稗五〇《技勇类·以摸钱掷石习拳法》，上海：商务印书馆，1920年版，第22册，第91页。按："护镖"，明代作"护标"，而清末随着票号的出现才改为"护镖"。"镖"前的"金"字代表十八般兵器，"票"代表票号的银两，"护镖"即用武力保护钱物的安全。

## 三、民间传艺

清朝统治者对嵩山少林寺心存芥蒂，迫使寺院的僧人大量外逃。其中，不少武僧或为镖师，或为教头，或落草为寇，或卖艺为生，或设立武馆教授人们武艺，一定程度上促进了少林武术在民间的传播。例如，时人江苏太仓州嘉定县人叶鸿驹曾经入嵩山少林寺习武10年，学成后返回家乡，即在某富人家中设武馆招收徒弟。《清稗类钞》详细记载说：

> 叶鸿驹者，嘉定人，少孤，然多力，异常儿。有游方僧见而奇之，度为徒，携之入少林。鸿驹入其中十年，尽得其秘，而思归。询之同侪，佥云："庙规本有艺成准出之条，然大门有大师严守不得出。欲出者，须自庙后夹弄出，惟险甚。弄中有机百数，艺稍疏者，辄死于机，非一人矣。"鸿驹恃其艺，且归家心切，不为沮，乃破机出。归后，馆于某富室，出其艺以授人，受其艺者，咸能十人敌。于是鸿驹之名大噪。❶

这种设武馆授徒的谋生方式是少林武术传播的重要途径之一。精通少林拳棒的广东省广州府新会县人李有山曾经北游"都门"即京城，在豫亲王府邸供职数年之久。当时有一位手持数十斤重禅杖的和尚要和他比武，李有山持枣木棍与之比试，一举将其击败，名

---

❶ 徐珂：《清稗类钞》稗五〇《技勇类·叶鸿驹精内家拳》，上海：商务印书馆，1920年版，第22册，第84-85页。

声大振。中年以后，他返回故乡新会县隐居授徒。❶

也有一些少林武僧由于种种原因以四海为家，靠在街头卖艺聊以糊口，他们以精湛的武艺表演扩大了少林武术在社会上的影响。《清稗类钞》曾记载一位少林武僧携带一名徒弟，到广东广州府南海县卖拳棒为生，与当地人黎某发生激烈冲突：

> 南海黎某家钜富，幼失怙恃，慕技勇，延师教于家，尽其术。比中年而家渐落，乃授徒为生，旁近无赖辈咸乐与游。一日，忽有少林宗派之某僧挈一徒至乡卖拳棒。黎与遇，欲窘之，命之去，僧乞饶，黎不许，僧逡巡避之。黎复率其徒觅僧，大喝曰："尔诈欺取人财，当以半为吾侪酒资。"僧解囊献百钱，黎掷还之。僧曰："行囊仅此耳。"黎怒，欲搜其囊。僧亦大怒，谓当以竞斗决胜负，乃择广场以斗。黎持巨戟刺僧胸，僧举左腕拨之，戟堕。黎拔剑乱麾一时许，僧侧身疾出黎腋上，反掌搏其背，复以趾蹴之颠。复再斗，僧以指削黎手，手若断，剑飞数武外，扑地矣。僧从容去。❷

在这场激烈的比武中，这名少林武僧以精湛的少林武术大败地头蛇黎某，使其出尽洋相，令人拍手称快，此举势必在当地为少林

---

❶ 徐珂：《清稗类钞》稗五〇《技勇类·李有山用枣木棍》，上海：商务印书馆，1920年版，第22册，第65页。

❷ 徐珂：《清稗类钞》稗五〇《技勇类·老僧与黎某竞斗》，上海：商务印书馆，1920年版，第22册，第175页。

武术留下了极佳的口碑。清代，昔日至为荣耀、吃穿用度不缺的少林武僧流落街头以卖艺为生，反映了少林武术的尴尬境地。

## 四、强身健体

强身健体是少林武术一个很重要的传统社会功用，自枪炮等热兵器出现后，少林武术在战场上搏击的功用大为降低，其健身的社会功用则突显出来，这推动了它在民间的发展与传播。据《蜻阶外史》记载，一位眼有膜障的瞽者来嵩山少林寺学艺，寺院僧人以铜钱500枚掷少室山上下，让其寻觅，寻足后方以技艺相传。瞽者暗中摸索，渐有所得，积至499枚后，乃拼命搜索最后一枚。一日，他忽然如愿以偿地摸到了最后一枚铜钱，不禁一阵狂喜，眼睛顿明，于是受艺而去。❶ 对于此事，《清稗类钞》一书也详细叙述说：

> 少林拳法著于世……一日，有瞽者来请业。僧视其瞳有膜障，以铜钱五百枚掷山上下，俾觅之，曰："尽得当传技。"瞽乃日于两餐外踯躅山上下，暗中摸索，渐有所有。年余积四百九十九枚，遂大索其一。一日，忽得之，狂喜，目亦顿明，乃受其技去。❷

---

❶ 寄泉：《蜻阶外史》卷二《少林寺僧》，上海：进步书局，民国年间刊本。
❷ 徐珂：《清稗类钞》稗五〇《技勇类·以摸钱掷石习拳法》，上海：商务印书馆，1920年版，第22册，第91页。

而前文所述下肢瘫痪的护水标者，也是抱着健身的目的来嵩山少林寺学艺的。他在寺院武僧指导下练习击石子之术，能够百发百中：

> 又有患痿症者，两股不能动，亦持贽来学。僧以石子一筐置其坐处，于山上一石画大小墨圈，命之击，久辄中。乃命击飞鸟，鸟应手下。后以石子小于芥者掷鸟目，目穿而坠。前后左右，无不如志。僧曰："技成矣。"后辄以护水标为业，每坐船首，身旁置石一器，剧盗不敢近。❶

当然，到嵩山少林寺学习武艺时，为保证习武的质量，习武者要交纳一部分钱财作为押金，学成后又必须接受严格的毕业考核。对此，《清稗类钞》记载说：

> 少林拳法著于世，学者先存贽若干，拜一僧为师，衣食之费皆取给于贽之息。学成将行，从庙后夹弄出，门有木土偶，设机焉，触之即拳杖交下，能敌之而无恙，可安然行矣。行时，僧设钱于门，反其贽。不然，仍返而受业。有数年不成者，则越墙逸去，贽亦不可得矣。❷

显然，嵩山少林寺要求前来习武者必须交纳押金且在习武结束

---

❶ 寄泉：《蜨阶外史》卷二《少林寺僧》，上海：上海进步书局，民国年间刊本；又见徐珂：《清稗类钞》稗五〇《技勇类·以摸钱掷石习拳法》，上海：商务印书馆，1920年版，第22册，第91页。

❷ 徐珂：《清稗类钞》稗五〇《技勇类·以摸钱掷石习拳法》，上海：商务印书馆，1920年版，第22册，第91页。

时接受严格的毕业考试是完全必要的,这有助于其增强习武责任感和紧迫感,从而努力提高武术水平,有利于维护少林武术的社会声誉。

综上所述,清代少林武术在民间广泛传播,为其赢得了良好的口碑,以致于社会上滥造"少林"拳法、棍术者很多,所谓"今人谈武艺,辄曰从少林寺出来"❶。这一方面反映了少林武术在当时普及之广,另一方面也反映了旁门左道之术滥冒少林武术的现象,使少林武术的名誉不可避免地在一定程度上受损,影响其进一步发展与传播。除了政治因素,其他一些因素也妨碍了少林武术的发展。咸丰七年(1857 年),英商麦加利银行设分行于上海以前,全国的金融业为北方山西帮的"票号"和南方宁绍帮的"钱庄"所掌握。山西帮又分为祁县、太谷、平遥 3 个帮。始创票号者为平遥人雷履泰,其招牌叫作"日升昌"。鉴于人们出行携带钱财不但麻烦,而且有很大的风险,于是雷履泰创行汇兑法,由"日升昌"收银出票,凭票到指定地点的联号兑取现银。当然,汇兑并非完全免费,顾客需要向票号额外支付一定数量的汇费即"汇水"。由于汇兑凭票兑银,所以叫作"票号"。以前运送现银,如果不是随身携带,就得交镖局护送。而由镖局护送的费用大,路途耗时长,还有很高的风险。钱庄和票号出现后,客户可以凭票到指定地点的联号兑取现银,既方便

---

❶ 褚人获:《坚瓠集》"余集"卷三《少林寺僧》,清康熙年间刻本。

又安全,雇请镖师者因之锐减,❶少林武术逐渐从商业保镖领域退出。鸦片战争后,近代银行的出现更是加快了这一进程。另外,在热兵器日渐普及和战争武器日益精良的情况下,少林武术逐渐丧失了昔日的战术意义,其实战功用逐渐弱化。

总之,在清政府疏远、约束及其他因素的综合作用下,清代少林武术的渐趋没落乃势之必然。与明代相比,清代不仅少林武术大家鲜见,而且少林武术理论著作的数量和质量都无法与明代相比。例如,吴殳的《手臂录》和曹焕斗的《拳经拳法备要》等关于少林武术的著作,大多是明代著作的翻版,这从一个侧面反映了清代少林武术的衰败和不景气。在光绪二十六年(1900年)义和团运动失败后,民间许多拳术、器械用法因被忽视或身怀绝技者秘不示人而失传,这也成为少林武术逐渐式微的原因之一。清末,完全陷入半殖民地半封建社会深渊的中国,内外交困,国运不昌,对嵩山少林寺鲜有营建,少林武术日趋衰落。伴随着中国近代化所引发的深刻社会变迁,人们的思想认识水平有很大提高;火器的普遍应用令武术的技击意义逐渐减弱。清末,随着中国近代化浪潮波及中国社会的各个角落,尤其是近代交通、通信等行业的发展及票号、钱庄汇兑业务的开展,近代银行在中国日渐兴起,这些因素使少林武术的民间传播空间日益受到挤压,其渐趋衰落已成为必然。而雪上加霜的是,近代医术的发展也使少

---

❶ 高阳:《胡雪岩全传》之《楔子》,北京:中国友谊出版公司,1995年版,第1–2页。

林武术的健身空间受到一定挤压，使它勉强保住了健身祛病和观赏娱乐这块土壤。

当然，虽然清代少林武术与前代相比明显衰落，但也不乏一些精于少林武术者。嵩山少林寺的武僧寂勤，俗姓吴，名古轮，河南偃师县（今河南偃师市）人。他6岁到嵩山少林寺出家为僧，勤学苦练少林武术，16岁即学完"拳、刀、枪、剑、棍、铲、钩、叉、草镰、九节鞭、流星"等十八般武艺，计90余套。他以草镰破鞭绝技闻名，技法超群。此外，他随师父学得点穴秘功，能够"弹指断枝，插处成洞"，还练成少林绝技"心意把"和上乘轻功。后来，寂勤练武之事引起清政府密切注意，为了避祸，他被迫还俗隐居。晚年他广收门徒，多育英才，其弟子多达3000人。❶尽管清代不乏精于少林武术者，但是这并不能扭转少林武术总体上日渐衰落的颓势。一言以蔽之，清代少林武术的生存发展境况日蹙，与此时期的政治、经济和社会因素，尤其是与嵩山少林寺和清政府的关系无根本改善密切相关。

---

❶ 张志哲：《中华佛教人物大辞典》，合肥：黄山书社，2006年版，第997页。

# 第六章 民国时期少林武术的凋零

民国时期,大小军阀蜂起,他们割据称雄,混战不休。日本的侵略给中国人民带来了巨大的灾难。动荡的时局,频繁的自然灾害,深深影响着少林武术的发展。

## 第一节 社会动荡下的少林武术

民国时期是嵩山少林寺历史上风云变幻最为激烈的时期之一,在此期间,因为受频繁的战乱和自然灾害等因素影响,嵩山少林寺命运多舛。如前所述,在清代这座寺院的发展已经呈现明显的颓势,而民国时期因为连年荒乱,人民流离,时局不定,嵩山少林寺继续走向没落。而失之东隅,收之桑榆,随着清王朝的灭亡,官方对嵩山少林寺练武的禁锢终于结束了。民国初期,嵩山少林寺所处的豫西山区匪患相当严重,"匪亦入山中,洗劫净尽,至无鸡犬"[1]。这里常常"伏莽出没",甚至嵩山少林寺僧人也曾经被土匪

---

[1] 杨圻:《少室观雪图记》不分卷,1931年铅印本。

掳去。❶ 劫匪猖獗的动荡社会环境中，嵩山少林寺的僧人被迫将大量精力用于抵抗土匪劫掠，保护寺院和当地百姓的安全，使自清代以来长期沉寂的少林僧兵获得了大显身手的机会，他们又重新活跃起来。

民国元年（1912年）秋天，嵩山少林寺"办事独具热诚"、对"拳术奥妙独具心得"的武僧恒林，被登封知县委任为该县僧会司的僧会（即管理佛教事务的地方僧官），兼任嵩山少林寺保卫团的团总，负责保卫少林寺院和周边一带民众的安全。❷恒林，俗姓宋，号云松，原登封县江左宋寨（今属伊川县）人，是清末民初少林寺的著名武僧和禅师。光绪初年出家后，他潜心研究少林禅学武功，深得少林武术精髓。后来，他长期担任少林武僧教头，传授少林武功，还担任嵩山少林寺的当家和尚。❸

就任少林寺保卫团团总后，恒林"养勇置械，备着辛勤"，再次揭开了少林寺僧人参与战事的序幕。民国九年（1920年）秋，河南西部出现严重的旱荒，迫使许多人铤而走险，四处烧杀抢掠，这进一步加剧了这一带原来就十分猖獗的匪患。于是恒林率领嵩山少林

---

❶ 陈万里：《嵩游十日记》，见劳亦安：《古今游记丛钞》（第2册）卷八《河南省》，北京：中华书局，1936年版，第29页。

❷ 《云松大和尚懿行碑》，释永信：《中国少林寺（碑刻卷）》，北京：中华书局，2003年版，第311页。

❸ 郜明超：《禅宗祖庭的家国情怀——20世纪上半叶少林武僧们的革命斗争事略》，《少林与太极》2021年第7期，第11页。

寺保卫团在登封县城、梯子沟、白玉沟、熬子坪等地，与"巨匪大小十数战"，缴获马匹枪械无数，营救村落中被土匪绑架的"肉票"多人。同年，匪首朱保成、牛邦、孙天章、段洪涛等联合夜袭巩县鲁庄镇，因天明被人发现，众土匪纷纷向西南逃窜。巩县九区民团紧追不舍，路过偃师县府店镇时，偃师县十四区、十五区民团亦参加追击。恒林得知这一消息后，急忙率领少林寺保卫团的僧兵前往寺院西南方向截击土匪。当大股土匪行至熬子坪时，与恒林指挥的少林寺保卫团遭遇，双方激烈交战，少林寺保卫团僧兵英勇奋战，将土匪一举击溃，土匪大部分被歼灭，其余瓦解远遁。少林寺保卫团此次大捷，不仅使少林寺获得大量枪支弹药，而且打出了少林寺僧兵的威风。从此，恒林与少林僧兵威震四方，远近土匪闻其名，对僧兵保护的地方秋毫不敢进犯。民国时期，河南省长张凤台屡次颁给嵩山少林寺奖状和奖章，并向寺院内的紧那罗殿献了"威灵普被"匾额，以报答神庥并嘉奖寺僧功绩。民国十二年（1923年）秋天，恒林不幸积劳成疾而卒。❶

恒林生前一心除暴安良，保卫地方的安宁。他平日待人谦和，乐善好施，在担任嵩山少林寺当家和尚期间，寺院周围的百姓遇到

---

❶ 《云松大和尚懿行碑》，释永信：《中国少林寺（碑刻卷）》，北京：中华书局，2003年版，第311页；无谷，刘志学：《少林寺资料集》，北京：书目文献出版社，1982年版，第346页；吕宏军：《嵩山少林寺》，郑州：河南人民出版社，2002年版，第546页。按："熬子坪"又作"鏊子坪"。

无力筹办婚丧嫁娶等困难到寺里告贷时，他都设法令其如愿而归，日后无力归还者又皆慷慨免除。周围群众对他的善举非常感激，当他圆寂的噩耗传出后，四方人民哀伤不已。第二年春天，登封县、临汝县、巩县、偃师县的百姓300余人踊跃捐资，在少林寺东边为恒林树立两块功德碑，以志哀思。❶

今天，少林寺东的天中福地门外有两通碑，通称"恒林碑楼"，一通碑文记载恒林出家少林寺，任僧会司僧会、少林寺保卫团团总之事；一通碑文记载恒林任保卫团团总时，率领保卫团与土匪进行大小数十战，每战皆胜之事。❷

恒林圆寂之后，遵照其遗嘱，他的得意弟子妙兴继任嵩山少林寺的住持和登封县僧会司僧会。妙兴，字文豪，河南临汝县（今河南汝州市）谢湾人，他8岁到少林寺出家为僧，拜恒林为师，深得师父真传。妙兴著有《少林宗派渊源世系图解》《少林拳解》《少林棍解》《达摩五拳经》《禅杖图解》《少林戒约释义》《增补拳械千箴言》皆为民国初期抄本）等。❸师父见他的文笔、武术皆远超众僧，惊为奇才，便将少林正宗的拳械、点穴、卸骨、擒拿绝技全部传授给他。当时的民间武林高手常到少林寺朝圣比武，每次妙兴出战皆

---

❶ 登封县志办公室：《新编少林寺志》，北京：中国旅游出版社，1988年版，第97页；德虔：《少林武僧志》，北京：北京体育学院出版社，1990年版，第193页。

❷ 邰明超：《禅宗祖庭的家国情怀——20世纪上半叶少林武僧们的革命斗争事略》，《少林与太极》2021年第7期，第11页。

❸ 李诚：《武术大全》，北京：北京体育学院出版社，1990年版，第344页。

获全胜，人称"金罗汉"，名震四方。他武艺高强，机智勇敢，曾经跟随师父征战于嵩山一带，令匪兵闻风丧胆。❶

妙兴精通武功，为我国近代著名的武僧。他接任嵩山少林寺住持后，继续训练拥有大量枪支且精通武功的少林僧兵，使其成为登封县一支重要的武装力量，并积极参加多次平匪战斗。登封县城数度被土匪围攻，少林寺保卫团多次应召前往参战解围，在保护寺院和当地百姓的安全方面发挥了巨大作用。然而，少林寺僧人卷入军阀混战，给寺院招来了灭顶之灾。

河南地方武装首领樊钟秀乃宝丰县西夏庄人，因在家中排行第二，人称"樊老二"。他13岁时曾经进入嵩山少林寺学习少林武术，习武三年后回家务农。❷后来，他拉起一支队伍。民国十一年（1922年），樊钟秀所部被直系军阀吴佩孚收编为暂编第四团，由他担任团长。同年，他受吴佩孚之命到登封收编任应歧、陈青云等地方武装，路过少林寺时，见大雄宝殿损坏，于是捐资400元作为修寺之资，并拜少林寺住持恒林为师。因此，樊钟秀与嵩山少林寺关系甚密。民国十二年（1923年），吴佩孚命师长张玉山到登封收编湖北别动队，其第一旅旅长卢耀堂觊觎嵩山少林寺的僧兵武装及大量枪支弹药，遂任命妙兴为第一旅第一团团长，驻扎少林寺。民国十四年

---

❶ 郜明超：《禅宗祖庭的家国情怀——20世纪上半叶少林武僧们的革命斗争事略》，《少林与太极》2021年第7期，第18页。

❷ 孙玮，常松木：《历代名人与嵩山》，郑州：河南人民出版社，2009年版，第461页。

（1925年）二月，豫西爆发了军阀胡景翼与憨玉琨争夺地盘的战争，史称"胡憨之争"。此时，因援助孙中山而被任命为"建国豫军"总司令的樊钟秀，从广东开赴河南协助胡景翼与憨玉琨作战，他派兰世勋成功地策动了驻扎在偃师县的憨玉琨部下李慎亚倒戈。当憨玉琨手下崔继华部自密县退却时，应樊钟秀之请，嵩山少林寺当家和尚妙兴率领主要由寺院僧人组成的保卫团协助李慎亚攻打崔继华，有力地支援了樊钟秀，击败崔继华的部队后，樊钟秀的部队占领登封县城。自此，嵩山少林寺与樊钟秀的关系更加密切。❶

民国十六年（1927年）春，妙兴率领以少林僧兵为骨干的第一旅第一团在嵩山少林寺誓师出征，随卢耀堂的第一旅开驻郑州。此年三月，妙兴率领第一团与任应歧部在舞阳激战，因弹尽援绝，陷入绝境的妙兴愤而饮弹自尽，年仅36岁。妙兴阵亡后，其遗体由弟子体信、卫兵郑法永运回，埋葬于嵩山少林寺东北山坡他师父恒林的墓侧，少林僧兵武装从此瓦解。❷ 对于妙兴的去世，唐豪在《行健斋随笔》中说：

> （民国）十二年秋，恒林物故，其弟子妙兴继为住持。嗣张玉山奉吴佩孚命，在登封收编湖北第一师别动队，其第一旅旅长卢耀堂，觊觎少林枪枝，讽妙兴出，归伊编制，任为第一团

---

❶ 孙玮、常松木：《历代名人与嵩山》，郑州：河南人民出版社，2009年版，第461–463页；李振亮、崔洪波：《少林武术发展史》，郑州：河南人民出版社，2019年版，第128–129页。

❷ 李振亮、崔洪波：《少林武术发展史》，郑州：河南人民出版社，2019年版，第125页。

团长,直奉战后,妙兴随卢旅开驻郑州,旋调舞阳攻土匪阵亡。恒林、妙兴皆擅技击。❶

唐氏认为,在直奉战争后,妙兴随卢耀堂旅开驻郑州,不久在舞阳县攻打土匪时阵亡。众所周知,第一次直奉战争发生于民国十一年(1922年),第二次发生于民国十三年(1924年)。而民国十四年(1925年)"胡憨之战"时,妙兴曾经率少林僧兵帮助樊钟秀军队作战,此年段之善游少林寺时,妙兴还为他演练少林棍术。显然,妙兴并非直奉战争后即率领第一团随卢耀堂驻郑州不久战死的,唐豪所言妙兴去世的时间是不正确的。据老僧德禅及对妙兴颇为熟悉的杜和卿讲,妙兴随卢耀堂旅开驻郑州是在民国十六年(1927年)二月。民国十二年(1923年)妙兴担任团长之后,其所部仍在嵩山少林寺,因而他当时既是少林寺住持,又兼任直军卢耀堂第一旅第一团团长,直到民国十六年(1927年)才离开少林寺,不久阵亡,僧兵瓦解。❷

民国十七年(1928年)三月,时值直系军阀吴佩孚与另一军阀冯玉祥的国民军混战正酣。吴佩孚的部下"建国军"樊钟秀部乘冯玉祥的国民军后方空虚,夺占了巩县和偃师县的广大地盘,但不久这两个县又被冯部将领石友三夺回。樊钟秀无奈向南撤退,转而攻

---

❶ 唐豪:《行健斋随笔》,上海:中国武术学会,1937年版,第59页。
❷ 吕宏军:《嵩山少林寺》,郑州:河南人民出版社,2002年版,第502页。按:原文误为妙兴"又兼任奉军第一团团长",而其应为直系军阀吴佩孚的卢耀堂第一旅第一团团长。

打冯玉祥国民军占据的登封县城,其司令部即设在嵩山少林寺内。石友三部乘胜向南追击,至镮辕关十八盘追上樊钟秀部,两军立即发生激烈战斗。少林寺僧人帮助樊钟秀部猛烈狙击石友三的部队,最终不敌而溃败退回寺院。石友三指挥部下乘势猛烈攻打少林寺,遭到寺院僧人激烈抵抗。三月十五日,气势汹汹的石友三率军攻入少林寺,他对少林寺僧人帮助自己的对手樊钟秀非常恼火,遂进行野蛮报复,纵火焚烧法堂以泄愤。三月十六日,驻防登封的冯玉祥部国民军旅长苏明启禀承石友三之意,命令士兵抬煤油到寺中,将天王殿、大雄宝殿、禅堂、紧那罗殿、六祖殿、阎王殿、龙王殿、钟楼、鼓楼、香积厨、库房、东西禅堂、御座房、方丈等建筑,浇上煤油后付之一炬,以泄私愤,大火连续焚烧了45个昼夜。这是建寺以来,嵩山少林寺遭受的最严重的火劫。❶除主要殿宇被焚毁之外,《少林武僧集录》《少林寺医秘集锦》等10余部武技、医伤宝贵资料同藏经阁也皆化为灰烬。僧众散逃四方,寺院破烂不堪。当时一位从远方慕名来学习少林武术者到少林寺后目睹此景,大失所望,离开时赋诗道:

兴兴千里来学艺,古刹四处烟火起。

人说少林武艺佳,为何不与暴军抵?

都说功夫出少林,望处仅几老僧迟。

---

❶ 无谷,刘志学:《少林寺资料集》之《代前言》,北京:书目文献出版社,1982年版,第12页。孙玮,常松木:《历代名人与嵩山》,郑州:河南人民出版社,2009年版,第463页。

殿宇残柱陪天坐，一片瓦砾缀焦土。

满腹志向成泡影，扫兴而归长叹气。❶

当时，后来成为嵩山少林寺第29任方丈的行正大师年方十三岁，他同众多僧人急忙"于烈烟中抢救寺产、法物"❷。尽管如此，这场大火仍然烧毁寺院内的殿堂200余间、古树9株和一大批珍贵文物，❸藏经5480卷也均化为灰烬。千年古刹嵩山少林寺遭到这次灭顶之灾后，寺毁僧散，仅存土地2870多亩，加速衰落。到民国三十七年（1948年）初，少林寺仅剩下2800多亩的土地。而到了1949年土地改革后，少林寺所剩的土地只有30多亩，常住寺院的仅剩下14名僧人。寺僧自耕自食，只能够维持山门而已。❹少林武术遭池鱼之殃，衰落的步伐加快。少林寺僧人只能"复结庐残垣断壁，于艰难竭蹶之中通研金刚法宝，并发奋习武,指心自悟"❺。民国二十一年（1932年），行正受戒于九华山东崖禅寺；民国二十三年（1934年），他参学于南阳丹霞寺，禅法尤妙。他回到嵩山少林寺后，

---

❶ 梁小龙：《少林武术发展简考（二）》，《少林与太极》2019第11期，第29页。

❷ 1990年8月中秋节合寺僧人同立《愿安正公大师行实碑之一》，释永信：《中国少林寺（碑刻卷）》，北京：中华书局，2003年版，第315页。

❸ 郭明智：《登封县志》第一编《大事记》，郑州：河南人民出版社，1990年版，第19页。

❹ 吴绍桂：《青少年应该知道的少林武功》，济南：泰山出版社，2012年版，第14页。

❺ 1990年8月中秋节合寺僧人同立《愿安正公大师行实碑之一》，释永信：《中国少林寺（碑刻卷）》，北京：中华书局，2003年版，第315页。按：自康熙五年（1666年）清代嵩山少林寺第一任方丈即住持海宽圆寂后至1986年320年间，该寺院的方丈一职一直空缺，由当家和尚或监院行使方丈之权。

率众僧人耕作讲法,"农禅兼举"。在一次护寺时,其双目受损,行正大师遂练习夜行拳、达摩杖、易筋经、洗髓经,"方得耳意二识神通"。1949 年,他被众僧人推举为嵩山少林寺的监院,可谓众望所归。

民国时期,少林僧兵和明正德时的僧兵组成类似,除了本寺的僧人参加外,还有很多僧兵是嵩山少林寺的俗家弟子。此时期的少林寺保卫团和卢耀堂第一旅第一团就是以僧人为骨干,同时还有众多会武术的当地百姓参加,他们延续了少林武术千百年来代代相传的"保邦靖世即传灯"精神。民国二十六年(1937 年)七月七日卢沟桥事变发生,日军开始全面侵略中国,于是中共豫西特别工作委员会动员各县开展各界抗日救亡运动。登封县乡村简易师范的进步学生组织"武术救国会",曾经发展到 9 个县,后来被国民党顽固势力扼杀。民国二十七年(1938 年),登封县政府在县城举行武术比赛。❶ 登封县练习少林武术者不计其数,少林武术在"武术救国会"和这次武术比赛中大显身手。

民国三十三年(1944 年),嵩山又为日寇所占,日军在这一带烧杀抢掠,无恶不作,嵩山少林寺又面临战火的摧残,仅存文物惨遭严重破坏,迫使部分少林僧人走上了抗日道路。嵩山少林寺大力发扬保国卫民的优良传统,以民族大义为重,竭力支持本寺武僧永

---

❶ 郭明智:《登封县志》第一编《大事记》,郑州:河南人民出版社,1990 年版,第 21–23 页。

贵、素祥、志元、行香等人英勇抗击日本侵略者。❶

　　为控制险关要隘，民国三十四年（1945年）初，中国共产党领导下的八路军建立了少林寺抗日区政府，归属偃师县抗日政府领导，由韦念铭任区长，青年寺僧释永贵任副区长，并建立了以乔应山、韦运通为首的区干队。10多个年轻力壮、技艺超群的少林武僧成为区干队的骨干力量。少林区是偃师县抗日根据地的前沿，也是日军多次"扫荡"的必经之地。民国三十四年一月，日寇集中兵力进行大"扫荡"，于是少林区干队在嵩山少林寺东口外设下埋伏，毙伤敌人多名，一直追击敌人到少林寺西的五乳峰。同年二月，日军在曹村遭受我军歼灭性打击后，由洛阳向登封增派军队，沿途受到偃师军民的沉重打击。日军走进嵩山北麓的参驾店，喘息未定，又遭到少林区干队和民兵武装的抗击，狼狈逃窜。麦子成熟后，日军前来抢粮，区干队配合偃师县独立团，在少林寺附近的摩天岭伏击前来抢粮的日军，敌人死伤过半，狼狈退回据点。这一仗不仅保卫了麦收，也使少林区干队威名大震。从此，日军再也不敢踏足少林寺。此外，少林武僧还参加了解放登封县城的战斗。❷民国三十五年（1946年）登封县城举行武术比赛，❸少林武术在这次比赛中也大出风头。

---

❶ 登封县志办公室：《新编少林寺志》，北京：中国旅游出版社，1988年版，第11页。
❷ 郜明超：《禅宗祖庭的家国情怀——20世纪上半叶少林武僧们的革命斗争事略》，《少林与太极》2021年第7期。
❸ 郭明智：《登封县志》第一编《大事记》，郑州：河南人民出版社，1990年版，第25页，27页。

## 第二节 历史人物与少林武术

民国时期,一些闻名中外的人物为少林武术的发展做出了贡献,他们或在民间大力传播少林武术,或在游览少林寺时,对少林武术给予高度评价,极大地提高了少林武术的知名度。

### 一、康有为与少林武术

民国十二年(1923年)十二月初,康有为从陕西关中来到河南洛阳,受到直系军阀吴佩孚热情招待。住了几日后,康有为在吴佩孚的高参即秘书杨圻(李鸿章长孙女婿,号称"江东才子")陪同下,前往嵩山游览。当月十二日,康有为、杨圻等人分别乘坐两辆轿车来到登封县城,在登封县官员的陪同下,他们首先游览中岳庙。在登封县署过夜后,十三日,康有为等人开始登嵩山。晚上,他们在山中的白鹤观投宿,以节省时间第二天继续登山。十四日,康有为等人从白鹤观出发,登至嵩山最高峰——峻极峰。十五日,康有为下山后,先到嵩阳书院后到崇福宫(创建于西汉时期,初名"万岁观",宋代改名"崇福宫")览胜。十六日,康有为等人由登封县城出发,一路踏雪漫游,步行来到嵩山少林寺,首座僧释贞和热情接待了他们。之后,康有为兴致勃勃地踏雪认真观看了面壁石、唐太宗赐少林寺教碑等古物古迹。中午,他在僧人的斋堂吃饭，下午在释贞和陪同下参观了二祖庵。在返回的路上坐下休息时，康有为自言自语道："真想看看少林武功。"闻听此言，释贞和便对他说："我回寺后，给你表演少林剑。"康有为闻听大喜。回到嵩山少林寺后，释贞和在千佛殿为康有为表演了少林剑。其剑术飞舞旋转，星移火进。接着康有为又观看了3个武僧的武术表演，并和僧人攀谈多时。❶离开少林寺前，康有为赋诗道：

> 山寒日不出，积雪满松枝。
> 杳杳少林寺，僧房烟火迟。
> 人归兵去后，泪坠客来时。
> 徙倚娑罗树，留诗约后期。❷

次日，康有为等人北渡轘辕关，驱车西行返回洛阳。❸

## 二、段之善与少林武术

段之善为民国时期的社会名流，他曾著有《拳乘四典》（开封松茂恒印刷号，1932年版）、《温县陈氏太极拳术小史》（《国术月刊》

---

❶ 莹腾、清静、万象：《少林寺全传》，北京：北京体育学院出版社，1990年版，第261页。
❷ 康有为：《游少室少林寺》，杨圻编，马卫中、潘虹校点：《江山万里楼诗词钞》卷一一《甲子迄乙丑日强年集》，上海：上海古籍出版社，2003年版，第395页。
❸ 同❶。

1932年版）。❶民国十四年（1925年）四月二十三日，在郑州学习军事的段之善等人到嵩山少林寺游览，并想一睹少林武术的风采。他们在少林寺游览过程中，寺院当家和尚妙兴为其演练少林棍术。段之善在其所著的《游少林寺琐记》中，记述了妙兴及众弟子习武的热闹场面：

> 其初，所练皆系单人拳法，功力严整，手眼身法，步步周密。演练时，全场肃静，中逢节段，莫不鼓掌如雷。复演双人对手，拳脚飞舞，纵横颠覆，犹令观者警目夺神，为之叹赞。拳脚之后，表演单刀。入场后，但见白练上下翻飞，寒光闪灼，更使观众注目，鼓掌不绝。最后，方丈妙兴法师同得意弟子对练镇山棍，身法灵敏，神严功整，双棍盘旋，抽发矫捷，目睹耳闻，棍声呼呼，敏若惊蛇，疾若游龙。鼓掌之间，不禁为之喝彩，饱尝眼福，叹观止焉！❷

妙兴大师及众僧为段之善演练了少林拳、少林单刀和少林棍法，还表演了双人拳脚对打，令段氏大饱眼福，叹为观止。尽管此时少林武术的总体水平与往日不可同日而语，但仍然体现出相当高的水平，具有很强的观赏性、娱乐性。

---

❶ 李诚：《武术大全》，北京：北京体育学院出版社，1990年版，第344页。
❷ 段之善：《游少林寺琐记》，李振亮，崔洪波：《少林武术发展史》，郑州：河南人民出版社，2019年版，第125页。

## 三、刘景文与少林武术

刘景文，又名献常、经文，河南登封县（今河南登封市）塔沟村人。祖父刘廷选、父亲刘发泰皆为嵩山少林寺的俗家弟子，武功十分高强，曾任少林寺武僧教头。后来，其后人刘宝山创办闻名中外的塔沟少林武术学校。刘景文自幼随祖父和父亲习武，在十二岁时就学会了38套拳和十八般武艺。民国六年（1917年），他进入嵩山少林寺任财记，主管财务账目。他白天记账，晚上跟随贞俊、贞绪等武僧苦学少林功夫。据说他能够"拳触石块碎，指点壁成洞。足起跨悬崖，纵身越房脊。白手闯戈林，舞马棘雨飞"。刘景文在嵩山少林寺期间，为保护寺院财产做出了突出贡献。

刘景文不仅武功高超，而且品德高尚。他性格豪爽，善良正直，光明磊落，富于正义感，爱打抱不平。民国十七年（1928年），石友三火烧嵩山少林寺后，寺院的秩序十分混乱，一个绰号"野混子"的恶僧倚仗练过武功，经常为非作歹，欺负佃农，欺男霸妇，无恶不作。一天深夜，刘景文从少林寺回家，发现恶僧"野混子"正从一户佃农家越墙下来，便上前怒斥道："你身为僧人，竟如此盗淫，违犯佛规，成何体统！"这名恶僧一边恶狠狠地骂刘景文，一边妄图逃脱。刘景文眼疾手快，一招"顺手牵羊"，顺势一拉，"野混子"翻滚在地。他见势不妙，于是连声求饶。刘景文警告他道："今后若不改邪归正，小心卸掉你的大腿。"而第二天，恶僧"野混子"恶人先告状，买通县衙，将刘景文逮捕入狱。当天，少林寺僧、多家佃农拥进县衙，击鼓喊冤。县长毛汝采闻讯升堂，听取寺僧和佃户陈述后，果断结案，严惩了恶僧"野混子"。这件事发生后，刘景文建议少林寺当家和尚"森严寺规，优待佃户，重振武威，开明治寺"。当家和尚听后认为很有道理，采纳了他的意见，这极大地改善了嵩山少林寺与佃户的关系。民国二十四年（1935年），在南京武术擂台赛上，刘景文力挫群雄，获得了测力赛重量级第一名。次年，刘景文又在上海武术男子轻量级测力赛中夺取冠军。自此，刘景文威震中州，重振了少林武术的雄风。❶

民国二十六年（1937年），面对日寇发动全面侵华战争，登封县成立了国术救国会，刘景文即任会长，韩进礼、凌斗任副会长，在全县开展武术训练活动。❷同年八月，中国共产党党员张金良在登封城关帝庙成立嵩山少林武术抗日救国会，韩希贤任会长，刘景文、凌斗等任副会长，韩进礼、张金良任指导员。他们明确提出："宁做枪下鬼，不做亡国奴。"当时嵩山少林武术抗日救国会以500名少林武术拳师为骨干，发展到密县、巩县、伊川、临汝、禹县、新郑等9县，有成员10 000多人。❸

刘景文在练习和传播少林武术过程中，尊重各门派，汲取众

---

❶ 孙玮，常松木：《历代名人与嵩山》，郑州：河南人民出版社，2009年版，第145页。
❷ 郭明智：《登封县志》第二十一编《卫生体育》，郑州：河南人民出版社，1990年版，第597页。
❸ 孙玮，常松木：《历代名人与嵩山》，郑州：河南人民出版社，2009年版，第145页。

家之长,他常教导弟子说:"历代高手无不汲取百家之长,古今英豪无一只出一家之手。"他还说:"能吃一担黄连苦,定得百担甜口蜜。武家尚德真豪杰,高手无德众人弃。"长期以来,刘景文积极传承和发展少林武术。民国二十七年(1938年),他积劳成疾,不幸去世。❶

## 第三节　民国时期少林武术的传播

民国时期,虽然嵩山少林寺已经没落,但其僧人依然保持着苦练武艺的优良传统。前述民国十四年(1925年)段之善游少林寺时妙兴及众弟子演武的热闹场面,❷即民国初期武僧习武的真实写照。

民国初年,匪患严重,精于武术的恒林出任少林寺保卫团团总,曾经率领少林僧兵与土匪进行大小数十次战斗,皆获胜。恒林的弟子妙兴,精通少林拳械及点穴、卸骨、擒拿、气功等诸多少林功夫,在继恒林出任少林寺住持后,打破少林寺秘技不外传的旧俗,传授少林武术给众多俗家弟子。❸

如前所言,民国十七年(1928年)农历三月十五日,石友三率

---

❶ 孙玮,常松木:《历代名人与嵩山》,郑州:河南人民出版社,2009年版,第145页。
❷ 段之善:《游少林寺琐记》,李振亮,崔洪波:《少林武术发展史》,郑州:河南人民出版社,2019年版,第125页。
❸ 吕宏军,滕磊:《少林功夫》,北京:文化艺术出版社,2012年版,第31页。

军攻入嵩山少林寺后,因不满寺僧帮助樊钟秀军,于是在寺院大肆纵火焚烧。这是嵩山少林寺历史上继隋末大火之后被烧得最为惨重的一次,寺院精华尽遭浩劫。被焚后,少林寺到处是残垣断壁,僧徒四处星散,元气大伤,少林寺走入历史上的低谷。但是,少林武僧流落四方,也促进了少林武术在民间的传播。民国二十年(1931年),俗家少林拳师韩进礼在河南省国术馆武术比赛中荣获"少林武士"的荣誉称号。❶

民国时期,除恒林和妙兴以外,嵩山少林寺还汇聚了其他武艺高强的僧人,他们为少林武术的发展和传播做出了突出贡献。其中,厥功甚伟者有释贞绪、释贞和、释德根、释德禅等人。

释贞绪,俗姓李,名正印,字耀宗,河南省巩县鲁庄乡南村人。他6岁出家于嵩山少林寺的下院龙兴寺,拜住持淳智禅师为师。民国九年(1920年),他回到嵩山少林寺,又拜恒林为师,苦学少林功夫,对大小洪拳、通臂拳、六合拳、炮拳、春秋大刀、龙泉剑等无不精通。民国二十七年(1938年),他被选为嵩山少林寺的当家和尚。鉴于寺院被石友三焚毁后少林武术日渐式微的状况,他与寺僧素典、德禅等谋划重振少林武术,并召回著名还俗武僧寂勤的俗家弟子吴三林大师训练少林武僧,培养了德根、行章等40名武僧。民国三十年(1941年),他与素典、德禅、永贵等少林僧人共同创办少林中学,担任校董,并聘请偃师县的中国共产党党员韦念铭任教

---

❶ 郭明智:《登封县志》第一编《大事记》,郑州:河南人民出版社,1990年版,第20页。

员。嵩山少林寺创办的少林中学开设有少林功夫课,广传少林武术。贞绪的众多武术弟子中,知名者有素修、素祥、素喜、德根、子元等人。❶

释贞和是河南偃师县府店镇口孜村人,他于光绪八年(1882年)在嵩山少林寺出家为僧,随师父朴和、师叔纯智学武,对六合拳、六合棍、双刀、单拐、双拐等非常擅长。他还苦练擒拿、卸骨、点穴等功夫,19岁即成为著名武林高手。释贞和为了提高武艺,先后到过河北沧州、山西太原、广东广州、安徽安庆、陕西西安等地访师拜友,学习他人之长。他曾经3次参加打擂,均获全胜。光绪二十二年(1896年),他在嵩山少林寺担任武教头。为了培养武术新秀,他立有《少林习武新规》,严约众僧,很有成效。民国二十四年(1935年),释贞和因病圆寂,享年60岁。❷

释德根,俗姓韩,巩县关帝庙人。他6岁出家于巩县的炒米寺,拜素端为师。16岁时他回到嵩山少林寺,拜贞绪为师学习少林武术,后来又跟随吴三林等人学艺。他到处求教,勤学苦练,掌握了拳、械各种套路100多种,在河南近代武林界以掌握的武术套路最多闻名。释德根是近代少林罕见的武术高僧,民国三十五年(1946年)秋,他被嵩山少林寺聘请为武术教师,教授僧人子弟30多人,武

---

❶ 登封县志办公室:《新编少林寺志》,北京:中国旅游出版社,1988年版,第99—100页;鄢明超:《禅宗祖庭的家国情怀——20世纪上半叶少林武僧们的革命斗争事略》,《少林与太极》2021年第7期。

❷ 莹腾,清静,万象:《少林寺全传》,北京:北京体育学院出版社,1990年版,第262页。

术高手杨聚才、刁行书、王天仁都是他的学生。❶

释德禅，俗姓刘，河南登封城关左庄人。民国十七年（1928年），军阀石友三部下火烧少林寺，将许多历史文物焚毁。知客僧德禅心急如焚，想方设法把部分少林拳谱等文献资料抢救下来，秘密转移。民国十八年（1929年），他将这些拳谱资料带回少林寺。民国十九年（1930年），他又让僧人永禅复抄整理。之后，他将在劫难中留下来的拳谱和散失在民间的多种拳术文字资料，以及僧人永禅复抄整理的资料全部保存。当时兵荒马乱，土匪到处抢劫，德禅不顾个人安危，挺身而出，亲入虎穴营救人质。他曾经去临汝县大土匪头目金刚道人等处，以佛教的因果报应，怨冤轮回，晓以恶中也应施仁，进行善意感化，说服土匪首领，救出数十名贫穷无钱赎回的人质，使其幸免于难。1949年，人民解放军南下，他亲自选送几名精壮的少林武僧参加人民解放军，并嘱咐他们奋勇杀敌，为国立功，为少林寺争光。❷

民国时期，嵩山少林寺虽然没落，但是寺院僧人仍保持习武的传统，贞绪、德根等武僧的演武、传武活动，维系了民国时期少林寺武术的传承。海灯法师也于民国三十五年（1946年）应住持德禅之请，出任少林寺武术教师。

民国年间，在嵩山少林寺周围的登封县、偃师县等地，少林武

---

❶ 登封县志办公室：《新编少林寺志》，北京：中国旅游出版社，1988年版，第99—100页。
❷ 登封县志办公室：《新编少林寺志》，北京：中国旅游出版社，1988年版，第102页。

术已根植于民间。登封县的少林寺村、塔沟村、南照沟村、磨沟村、骆驼岩、雷村、阮村、文村、大金店等处，有许多村民练习少林武术，形成少林武术村。民国二十六年（1937年）抗日战争爆发后，豫西偃师、登封县等9县成立"少林武术救国会"，登封、偃师、临汝、巩县数县有上万人参加，他们刻苦练习少林武术，积极为抗日战争做贡献，这也是少林武术在当地的一次大传播。就全国而言，民国时期演练少林武术者及成立的各种少林武术组织更多，其数量不可胜计。中央国术馆体育传习所刚成立时，所设的课程就分为少林门和武当门两大类，这也促进了少林武术在全国的传播。❶

民国时期，随着少林武术在全国广泛传播，其与民间武术不断融合，经过演练、创新，逐渐形成许多门派。从形式和内容上看，融会民间武艺而形成的少林武术已与历史上传承的少林武术有很大的区别。例如，寺院传统的"拳打一条线""拳打卧牛之地"等特点，除少林地区还继续保留外，其他地方已经不是很明显了，有的差别还相当大。❷这一时期，社会上还出现了少林武术书籍整理出版热潮。据不完全统计，从清宣统三年（1911年）至民国三十四年（1945年），出版的少林武术书籍有40多种，如尊我斋主人的《少林拳术秘诀》，赵连和的《达摩剑》，吴志清的《少林正宗练步拳》，金恩忠的《少林七十二艺练法》，姜容樵的《少林棍法》，朱霞天的《少

---

❶ 吕宏军，滕磊：《少林功夫》，北京：文化艺术出版社，2012年版，第31-34页。

❷ 同❶。

林护山子门罗汉拳》,等等。民国时出版的少林武术书籍,除《少林七十二艺练法》《少林护山子门罗汉拳》等关于嵩山少林寺传统的武术外,其余基本上都是有关流入民间的少林武术的讲解,经过民间习武者的加工整理,含有许多民间武术成分。当然,其中有不少是附会的。例如,名噪一时的《少林寺拳术秘诀》,就把民间南派武术附会成少林武术。随着社会上对少林武术附会的增加,诸如唐豪的《少林武当考》《〈少林拳术秘诀〉考证》、徐震的《少林宗法图说考证》等考证少林武术历史及真伪的论著,也在这时大量出现,它们对少林武术的正本清源发挥了积极作用,❶促进了少林武术的健康传播。

1948年登封县解放,嵩山少林寺和少林武术获得了新生,从而进入崭新的发展时期。

---

❶ 吕宏军,滕磊:《少林功夫》,北京:文化艺术出版社,2012年版,第31–34页。

# 第七章　中华人民共和国成立后少林武术的新生

　　1949年中华人民共和国成立以后，政府执行正确的宗教政策，整修几乎成为一片废墟的嵩山少林寺。特别是1978年改革开放以来，嵩山少林寺被确定为文物古迹保护单位，进行了全面修建，整个寺院焕然一新。20世纪90年代，嵩山少林寺有僧徒52人，另有尼姑2人住初祖庵。❶随着这座寺院逐渐换新颜，少林武术也获得了新生，在国内外的影响日益扩大，进入崭新的发展和传播时期。

## 第一节　中华人民共和国成立后少林武术的普及和推广

　　1948年登封县解放，嵩山少林寺和少林武术获得了新生。中华人民共和国成立以后，少林武术被列为珍贵的文化遗产，备受国家

---

❶ 郭明智：《登封县志》第二十四编《社会·宗教信仰·佛教》，郑州：河南人民出版社，1990年版，第748页。

和社会的重视,得到了广泛普及和推广。这时少林武术的功能也发生了巨大变化,由过去以格斗、搏击为主,转变为强身健体和观赏娱乐的体育活动。在这一时期,少林武术的传播以社会传播为主。早在1954年,嵩山少林寺所在地登封县就将少林武术列为全县民间艺术会演的重要项目。1959年,少林武术作为体育项目参加了在郑州举办的体育运动会。❶同年,精通少林武术的刘宝山赴开封参加武术表演大赛,荣获一等奖。

1958年,登封县体育运动委员会成立了登封县业余武术体育学校,特地聘请少林寺著名武僧释德根担任武术体育学校的武术教练,专门指导学员练习少林武术。中华人民共和国成立后,释德根又在河南省歌舞团和登封县各中小学教授武术,他对学生严格要求,精心指导,培养了许多少林武术人才。在1982年全国运动会上,其弟子朱天喜的再传弟子赵慧敏(杨聚才的弟子)在武术比赛中获得金牌。❷

当时,河南省政府大力支持登封县业余武术体校的发展,每年补助该校武术训练经费1000元。释德根担任登封县业余武术体校的教练后,培养了一大批少林武术方面的优秀人才,他亲自在县城一中、城厢小学组织武术队培养青少年武术接班人。后来,经他口述,由

---

❶ 吕宏军,滕磊:《少林功夫》,北京:文化艺术出版社,2012年版,第34、35页。
❷ 登封县志办公室:《新编少林寺志》,北京:中国旅游出版社,1988年版,第99–100页;德虔,德炎:《中国少林武术大全(上)》,北京:北京体育大学出版社,2006年版,第27–28页。

王欣淼执笔整理编成《少林武术概要》一书，专门传授少林武术套路，这本书的问世进一步推动了少林武术在社会上的传播。1970年，登封县体委重新组建登封县业余武术体校，并调少林寺还俗武僧杨聚才担任少林武术教练。之后，又聘请少林武术世家出身的梁以荃担任教练。少林武术业余体校自创办起，即担负起培养少林武术人才的重任，促进了少林武术的发展与传播。❶ 1972年，河南省人民政府体育运动委员会在登封县召开武术运动会，极大地推动了登封县武术尤其是少林武术的发展。❷

## 第二节 改革开放以来嵩山少林武术的迅速发展

1978年党的十一届三中全会以后，我国的各项事业快速发展，党的宗教政策得到很好的贯彻，少林武术迎来了前所未有的发展机遇。乘着党和国家大力发展体育事业的春风，嵩山少林寺僧人努力推动少林武术的发展与传播。

释永祥于1980年重返嵩山少林寺，与众僧共同研探少林武术，精心培育少林武术新秀。他曾任少林拳挖掘整理组副组长、少林拳谱编写委员会常委等职，编写《少林擒拿秘旨》和《少林防卫

---

❶ 吕宏军，滕磊：《少林功夫》，北京：文化艺术出版社，2012年版，第34、35页。
❷ 郭明智：《登封县志》第二十一编《卫生体育》之第二章《体育》，郑州：河南人民出版社，1990年版，第597页。

一百招》等书。1982年病重后，他把48卷《少林拳谱》全部交给寺僧德虔，叮嘱其日后整理成册，普及少林武术。❶ 释永祥为继承和发扬少林武术做出了重要贡献。

1982年，释素云重返少林寺，广收门徒，传授少林武术，为国家培养了数百名优秀武术人才。释素云曾任少林寺武术协会副会长，在1990年国际少林拳研讨会上，他对少林武术的发展提出了操作性极强的科学见解，荣获少林武术贡献奖。❷

释素喜为了弘扬少林武术，早在1950年就开始把自己所学武艺传授给弟子。1979年，在他积极倡导下，少林寺成立了少林武术队，以弘扬少林武术。后来，释素喜与弟子德虔共同整理编写了《少林拳术秘传》一书，是比较系统、完整的少林武术资料，方便了武术爱好者学习少林武术。1983年，释素喜与住持德禅法师共同主持召开少林寺武术整理小组会议，认真贯彻国家的武术工作方针，努力挖掘和整理少林武术典籍，为振兴少林武术做贡献。他致力于传授少林武术，为全国20多个省市培养了1000多名少林武术新秀，其中有不少人成为著名的武术教师和教练。❸

释素法于1983年重返嵩山少林寺，后任登封县少林武术协会顾问、少林寺拳法研究会顾问、少林寺武术气功函授学校总教练等

---

❶ 德虔、德炎：《中国少林武术大全（上）》，北京：北京体育大学出版社，2006年版，第34页。

❷ 同❶ 30–31页。

❸ 同❶ 30、35页。

职。他编著《少林看家拳》等书,并积极授徒传艺,努力传播少林武术。❶

释德禅曾任中国佛教协会理事、少林武术总会副会长、少林寺名誉方丈。1982年4月,他不顾疾病缠身,在嵩山少林寺内成立"少林寺武术整理组",并担任组长。

释行正,俗名李太保,登封城关刘庄人,年仅6岁即皈依嵩山少林寺,拜德保为师。1983年,行正与德禅、素喜等倡议组建少林寺武术挖掘整理小组,整理少林拳谱,并担任主要负责人。此举不仅方便了少林武僧练武,也极利于少林武术的挖掘、整理和继承,为少林武术文化的繁荣做出了重要贡献。1986年12月,行正升任嵩山少林寺曹洞正宗第29任方丈,成为这座寺院自清朝初年方丈制度中断300多年后的第一位方丈。此后,他招收刘应成即释永信为徒,倾全力培养,又度海外"异域徒弟一百二十五人,使达摩禅法、少林功夫后继有人,并传之四海",提高了少林武术的国际影响,促进了少林武术的传播。1987年8月27日,行正坐化于方丈室,享年73岁。❷

释德虔,俗姓王,幼名省印,号长青,字松柏,自号少室山人,原籍河南省登封县大金店乡王上村。他自幼酷爱少林武术,8岁时

---

❶ 德虔,德炎:《中国少林武术大全(上)》,北京:北京体育大学出版社,2006年版,第30、35页。

❷ 1990年8月中秋节合寺僧人同立《愿安正公大师行实碑之一》,释永信:《中国少林寺(碑刻卷)》,北京:中华书局,2003年版,第315页。

入嵩山少林寺出家，拜著名武僧素喜为师，师赐法名德虔，苦学少林拳和十八般武艺，又跟随德禅大和尚学到少林气功和伤科真传，跟随永祥法师学练黑虎拳和罗汉十八手等。他精通少林小洪拳、黑虎拳、十八手、达摩易筋经、八棱铜锤、月牙铲等，擅长少林气功和少林骨伤科。长期以来，德虔为了弘扬少林武功，努力整理、挖掘少林武术资料，曾经自费远赴山西、四川、山东、江苏、内蒙古、黑龙江、云南、广东等17个省，拜访嵩山少林寺还俗武僧和民间老拳师，收集了大量少林武术方面的资料。从1983年开始，他对这些资料进行整理，编纂《少林点穴法》《少林拳法真传》《少林十八股兵器》《少林武术入门》《少林拳法秘传》《少林气功》《少林正宗绝技》《少林七十二艺》《少林武术大全》《少林寺骨伤科秘方》《少林寺武术精华》《少林寺百科全书》等少林武术书籍，共计1860万字，这些书远销东南亚、欧洲、美洲、非洲等47个国家和地区，为普及少林武术做出了贡献。特别是300万字的《中国少林武术大全》一书，书中附图2万多幅，图文并茂，受到国内外少林武术爱好者好评，武术界亦称释德虔为"少林书王"。1989年以来，他应邀到日本、美国、俄罗斯、澳大利亚、英国、法国、新西兰、德国、印度、南非、新加坡等46个国家和地区讲学授技，努力弘扬少林武术。2006年7月，他被国家相关部门命名为"少林拳杰出传人"。❶

---

❶ 德虔，德炎：《中国少林武术大全（上）》，北京：北京体育大学出版社，2006年版，第33–35页。

释永信，原籍安徽省颖上县小店乡，俗姓刘，名应成，自号皖颖上人。他于1983年出家到嵩山少林寺，拜行正为师，行正大师赐其法名永信。释永信皈依嵩山少林寺后，于1984年在江西普照寺受戒。他担任嵩山少林寺管理委员会主任一职后，白天处理事务，晚上抽空苦练少林功夫，擅长罗汉拳、羊角拐、月牙铲等。释永信认真贯彻国家体育主管部门要求嵩山少林寺努力挖掘整理少林武术的指示精神，于1986年开始组织人力、物力和财力，开展挖掘、整理、出版少林武术典籍的工作，成立"少林寺拳法研究会"，积极协助少林拳谱编委会编成《少林武术要略》等书。2014—2020年，他编著出版了《少林功夫》《少林功夫初段位教程（1~3段）》《少林功夫初段位教程（4~6段）》等少林武术方面的书籍，为传播少林武术做出了突出贡献。1987年12月21日，释永信重建少林寺武术队。1989年，在他努力下，嵩山少林寺以少林武术队为基础，仿照历史上的僧兵体制正式组建武僧团。少林武僧团的职能不再是搏击对抗，而是通过表演少林武术，弘扬中国传统武术文化，宣传少林禅宗。为弘扬传统少林武术，传播中国传统武术文化，嵩山少林寺武僧团应邀到100多个国家和地区访问表演，展示高超的少林武术，传播少林禅武精神，受到各国人民的热烈欢迎。

释素智，俗名王超凡，河南省登封市石道乡王楼村人。他自幼痴迷武术，起初跟随吴三林、释德根等人学习少林武术，后来又拜嵩山少林寺著名武僧释贞和为师，学习少林拳械。改革开放后，王超凡为了培育少林武术后人，于1979年在登封县十五中学创办首所少林武校，先后培育国内外徒弟500余人，授技人次3000余次。后来，他积极响应登封县政府号召，主动将自己开办的这所武术学校并入刘宝山创办的塔沟少林武术学校。释素智著有《少林长护心意门拳》《少林兵器优选》，合著有《少林武术要略》《少林武术自学教材》等，为弘扬少林武术做出了突出贡献。❶

释德扬，俗姓史，名万峰，河南省太康县人。他自幼酷爱武术，初从释德虔习武，后经德虔推荐，到嵩山少林寺出家为僧，拜素喜和尚为师，法名德扬。释德扬出家后，在师父指导下苦练少林武术，擅长罗汉拳、大洪拳、棍术等。他曾多次参加国内外武术比赛，荣获6项金牌。近几年来，他应邀赴美国、日本、意大利等国家和地区交流授技。❷

除少林寺僧人外，民间少林武术学校对少林武术的发展和传播也做出了很大贡献，其中，民间著名少林武术大师刘宝山创办的"少林塔沟武术学校"、登封十五中少林武术学校和梁以荃创办的"少林鹅坡武术专修院"的贡献尤为突出。

刘宝山，河南省登封市嵩山少林寺塔沟村人，出身武术世家，在嵩山南北颇有名气。据刘家祖传的石碑上记载，刘宝山的三世高

---

❶ 德虔，德炎：《中国少林武术大全（上）》，北京：北京体育大学出版社，2006年版，第32页。

❷ 同❶ 31页。

祖刘廷选曾被推举为嵩山少林武守备，祖父刘发泰被推任为嵩山少林寺文书和武僧总教头，父亲刘景文（又名献常）在嵩山少林寺苦练少林武术，闻名武术界，刘家和嵩山少林寺有割舍不断的武术渊源。刘宝山6岁时就跟随父亲刘景文练习少林拳和十八般武艺，12岁学完了家传的长护心意门拳、七星拳、炮拳、六合拳、六合棍、齐眉棍等30余套少林武术拳械。后来，他跟随父亲刘景文进入嵩山少林寺，得到众武僧指教，学会点穴、擒拿、气功等绝技，并多次受到武林高手凌斗、妙兴等的指教，武功突飞猛进。1949年后，刘宝山继承祖父"宏扬少林，为祖国为人民争光"的遗志，从1950年开始收徒传授少林武术，教儿子刘海钦、刘海科和众多徒弟练习少林拳及十八般武艺。1952年，刘宝山光荣加入中国共产党，曾担任少林寺大队支部书记等职，多次受到政府嘉奖。1959年，刘宝山赴开封参加武术表演大赛，荣获一等奖。❶

1978年，为了满足少林武术爱好者的迫切需要，刘宝山创办了"少林塔沟武术学校"，专门传授少林武术。在传授少林武术的过程中，刘宝山认为尽管少林武术变成了健体强身的表演项目，但是少林寺祖传的拳法仍然比较实用，可以一招制敌，因此他传授的少林武术没有多少花架子，力求实用。❷少林塔沟武术学校虽是民办，却

---

❶ 德虔，德炎：《中国少林武术大全（上）》，北京：北京体育大学出版社，2006年版，第33页。

❷ 延佛口述，张林整理：《父母：生命中的贵人》第十课《从寒门孝子到武林泰斗——塔沟武校董事长刘宝山的尽孝人生》，武汉：华中科技大学出版社，2020年版，第204页。

以发扬光大少林武术为宗旨，它的成立极大地促进了少林武术的发展与传播，是少林武术发展史上的一件大事。

少林塔沟武术学校成立后，刘宝山父子科学管理，严明校纪，精心指导学员练习少林武术，使塔沟武校的名声越来越大。少林塔沟武术学校创办以来，成绩喜人，学员多次代表省、市、国家参加国家级和世界武术竞赛，曾26次夺得冠军，获金牌总数达1000枚。刘宝山被中外武坛赞誉为"少林宗师""武林楷模"，2006年7月荣获"少林拳杰出传人"称号。❶近年来，少林塔沟武术学校的规模迅速扩大，扩建后的"少林塔沟武术学校"占地2300余亩，建筑面积73万平方米有余，练功场地有45万平方米，有大型练功房23座，文化课教室600多个，❷学员由最初的数名发展到2018年的35 000名，他们先后在国际国内比赛中拿下多块奖牌，其中金牌6702块，709人次获得奥运会和世界级冠军，在全国性大型武术赛事中获得47次团体冠军。在2004年雅典奥运会、2007年上海世界夏季特殊奥林匹克运动会、2008年北京奥运会和残奥会、2010年广州亚运会上，学员都有精彩的表演。从2003年至2018年，他们连续15次参加中央电视台主办的春节联欢晚会，进行少林武术表演。❸

---

❶ 德虔，德炎：《中国少林武术大全（上）》，北京：北京体育大学出版社，2006年版，第33页。

❷ 孙玮，常松木：《历代名人与嵩山》，郑州：河南人民出版社，2009年版，第145–146页。

❸ 延佛口述，张林整理：《父母：生命中的贵人》第十课《从寒门孝子到武林泰斗——塔沟武校董事长刘宝山的尽孝人生》，武汉：华中科技大学出版社，2020年版，第205页。

作为"登封十大老拳师"之一的刘宝山大力支持祖国的武术事业发展,他将祖传的长护心意门、六合拳、七星拳、阴手棍、六合枪、春秋大刀等10多种濒临失传的少林武术套路和拳术理论,毫无保留地全部整理出来奉献给世人。此举受到河南省体育局嘉奖,他为此荣获"河南省武术挖掘整理贡献奖"。1997年以来,刘宝山撰写的《传统少林武术套路教程》《健身、防身、修身——试论习武的三大作用》《论中华武术的源头》等多部论著,有力推动了少林武术的发展与传播。❶

1979年,登封县第十五中学在校内成立了少林武术专业队。1980年,以这支少林武术专业队为基础,登封县第十五中学成立了第一所公办少林武术学校,并由著名少林拳师王超凡、吕学礼、郑书基、王宗仁任教练,开展系统的少林武术教育。这所少林武术学校创办后,受到社会各界的广泛关注,1980年春天,河南省体委、省教育厅、团省委正式命名登封县十五中少林武术学校为"河南省1981年度至1982年度武术传统体育项目重点学校"。同年11月13日,《中国青年报》以《路在名山异水间》为题,详细报道了该武术学校成长和发展的历程。1981年,有20多年历史的登封县业余武术体校更名为登封县少林武术体校,被河南省体委、教育厅、

---

❶ 延佛口述,张林整理:《父母:生命中的贵人》第十课《从寒门孝子到武林泰斗——塔沟武校董事长刘宝山的尽孝人生》,武汉:华中科技大学出版社,2020年版,第205页。

团省委列为"武术传统体育项目重点学校"。❶ 同年，登封县十五中少林武术学校正式建校，王超凡任校长，吕学礼、王宗仁、郑书基、刁行书等人任教练。1983年，毕业的72名学生中，有51人被各市、县聘为武术教练，5人分别参加省武术训练队、公安武警部队和部队侦察连。1982年，赵惠民在河南队参加全国在西安举办的武术观摩交流大会，获少林炮拳金牌一枚。❷

梁以荃也为少林武术的传播做出了突出贡献。他是河南省登封市东金店乡骆驼崖村人，自幼跟随父亲苦练少林武术。1977年，他创建少林鹅坡武术专修院即少林鹅坡武术学校。1980年，他参加全国武术比赛，成绩优异。同年7月，他担任登封县少林武术体校校长兼总教练。1995年，他当选全国"十大拳师"，享受国务院政府特殊津贴。2001年，他当选为河南省武术协会副主席。近年来，他自筹资金3000万元，扩建少林鹅坡武术专修院即少林鹅坡武术学校。2000年，少林鹅坡武术专修院被国家体育总局武术运动管理中心评为"全国先进武术馆校"，他为此荣获"郑州市个人武术突出贡献奖"。2006年7月，梁以荃荣获"少林拳杰出传人"称号。少林鹅坡武术专修院为少林武术界树立了一面旗帜，为国家输送了1000多名武术优秀人才。此外，他不断著书立说，在报刊上发表60多篇介绍少林

---

❶ 吕宏军，滕磊：《少林功夫》，北京：文化艺术出版社，2012年版，第34–35页。
❷ 郭明智：《登封县志》第二十一编《卫生体育》第二章《体育》，郑州：河南人民出版社，1990年版，第597页。

武术的文章,编著《嵩山少林拳法》和《少林武术简介》。长期以来,他出访日本、新加坡、美国等数十个国家,讲学授技,为扩大少林武术的国际影响做出了突出贡献,其业绩被载入《中华魂·中国百业领导英才大词典》,并荣获世界名人证书。❶

## 第三节 少林武术成功入选第一批国家级非物质文化遗产名录

2006年6月5日,国务院公布了第一批国家级非物质文化遗产名录,少林武术名列其中,成功入选。2007年3月14日,少林功夫国家级和省级非物质文化遗产授牌仪式在郑州举行,少林功夫正式入选第一批国家级非物质文化遗产和河南省第一批非物质文化遗产。之后,少林武术加快了申报世界非物质文化遗产工作。自2010年8月1日登封"天地之中"嵩山历史建筑群列入《世界文化遗产名录》后,少林武术申报世界非物质文化遗产工作全面展开。2021年1月18日,河南省十三届人大四次会议在郑州举行。河南省人大代表、登封市嵩山少林寺塔沟武术学校总教练刘海科,呼吁河南省文化和旅游厅牵头,推进少林武术申报世界人类非物质文化遗产工作,

---

❶ 德虔,德炎:《中国少林武术大全(上)》,北京:北京体育大学出版社,2006年版,第32页。

为弘扬中华优秀传统文化、建成文化强国，做出河南贡献。❶

少林武术历史悠久，体系完备，技术水平较高。根据流传下来的拳谱记载，历代传习的少林武术套路有数百套，其中流传下来的代表性拳械有数十种。另有七十二绝技，以及擒拿、格斗、卸骨、点穴、气功等门类独特的功法。这些内容按不同的类别和难易程度，有机地组合成一个庞大有序的少林功夫技术体系。少林武术还具有健身养生价值，其中，八段锦、易筋经、推拿、点穴等，更是家喻户晓。同时，少林功夫具备审美价值，传统的少林功夫经过1500多年的积淀，已经成为中国古代人体运动美学的精华之一，它含蓄内刚，坚实有力，具有震撼人心的独特审美价值。

改革开放以来，少林武术备受国家和社会关注，得到了广泛普及和推广。1982年电影《少林寺》的热播，在全国乃至全世界引起一股少林武术热，国内外到嵩山少林寺习武者不计其数。自1991年中国郑州少林武术节开始举办以来，更是吸引了世界众多国家和地区的武林人士前来参加，有力推动了少林武术的发扬光大。此外，学界对少林武术方面的资料进行搜集、挖掘和整理，出版了系列少林武术图书，为继承、弘扬少林武术这一优秀文化遗产，推动它在新时期继续发展起到了重要作用。

---

❶ 《刘海科：力荐少林功夫申报世界人类非物质文化遗产》，《中新网》河南新闻2021年1月22日发布，http://www.ha.chinanews.com.cn/news/dszx/2021/0122/35481.shtml。

# 结 语

北魏孝文帝太和二十年（496年）嵩山少林寺创建后，由于生存环境的需要，其与武术发生了紧密联系，在长期汲取民间武术精华的基础上逐渐形成了少林武术。少林武术一般也称为"少林功夫"，长期以来，它逐渐形成了完整、系统的禅武文化体系。据嵩山少林寺流传下来的拳谱记载，少林武术套路原有708套，其中，尤以少林拳、少林棍、七十二绝技、达摩易筋、洗髓等功夫闻名于世。现在保存下来的有545套，其中能够演练的有200多套，包括二指禅、童子功、打山门等功夫。如此庞大的武术体系，不可能是某一个人一蹴而就创立的，而是长期汲取民间武术营养并经实战磨练而形成的。

少林武术形成后，并没有固步自封，一方面，练习者，尤其是少林武僧长期不懈地勤学苦练；另一方面，少林武术汲取众家之长，不断对自己充实提高，故而形成一派，闻名中外。它具有战场克敌、自卫防身、娱乐表演、健身养生、文化传承、国际交流等功用，除具有其他武术流派的强身健体、需要长期艰苦练习的特征以外，也有其独特的地方。

其一，少林武术融入了禅的元素，提倡"禅武双修""禅武归一"，内功与外功、动功与静功相结合。在少林武术的发展历程中，我们可以发现少林武术是多元文化交融的产物。少林武术从一开始即带有鲜明的佛教思想印记，在习武的过程中借助佛教思想的智慧，感悟其中的奥妙，转识成智，摆脱困惑。少林武术提倡练习武艺的最高境界并不是搏击伤人技术的提高，而是感悟禅机，获得智慧，所谓"禅武双修为上乘，武学文化禅中藏"。少林武术引入禅文化以提升自己，是其智慧所在和一大特色。

其二，少林武术刚猛有力，讲求实用实战，强调苦练善悟。少林拳可以"拳打卧牛之地"，就是在非常狭小的地方也能迸发出巨大的威力，不受场地的限制。少林拳还有"拳打一条线"的特点，起钻（钻拳）落翻（劈掌）即起横落顺始终保持在一条线上，非常严谨。习练少林武术是对练习者体能、智慧、意志的磨练和考验，要练成少林武术，练习者必须持之以恒，勤学苦练善悟，绝不能三天打鱼两天晒网，一日曝十日寒。

其三，少林武术讲求武德重于武术，习武必先立德。由于少林武术具有巨大的威力，如果它被心术不正者甚至道德败坏者用来胡作非为，会对国家和社会造成严重危害，败坏嵩山少林寺的声誉。因此，历代习练少林武术者，其师父都非常注重对弟子进行武德教育，要求他们必须严格遵守《少林习武戒约》规定的戒叛师、戒忘恩、戒诸恶、戒淫艺、戒偏执、戒怠惰、戒欺斗、戒帮派、戒毁他、戒抗诏，并"自度度他，当遵不犯，志心恒念"。

其四，少林武术具有博采众家之长的开放性。少林武术形成后，没有此疆彼界的门户偏见，对其他武术流派精华始终持开放态度，博采众长。嵩山少林寺经常邀请武林高手到本寺院切磋武技，共同提高。由于嵩山少林寺相对远离政治斗争旋涡和江湖的血雨腥风，超凡脱俗于尘世间的恩怨情仇和是是非非，加之寺院具有习武的悠久历史和深厚的习武氛围，对许多武术高手颇有吸引力，成了他们理想的栖身之所，从而为少林武术博采众家之长提供了机遇。可以说，正是因为少林武术有海纳百川的广阔胸怀，它才能够不断发展与传播。

其五，少林武术具有爱国抗暴、惩恶扬善、维护社会安定、促进社会发展的特点。少林武术在1500多年的发展历程中，始终秉持"保邦靖世即传灯"的理念，积极入世。当外敌入侵时，少林武术在战场上发挥着驱逐侵略者的作用，是反抗外族入侵和民族压迫的重要力量；在王朝统一战争中，或在国家统一受到威胁时，少林武术则在促进统一、维护统一方面发挥着积极作用；当匪患严重时，人们往往用少林武术自卫，保护家园，这时它发挥着除暴安良、抑强扶弱、稳定社会秩序的作用；而在我国对外交流时，它又起着促进对外交流的纽带作用。据不完全统计，截至2022年1月，全球约有80多个国家和地区的数十万名武术爱好者到中国学习少林武术，有100多个国家和地区成立了传授少林功夫的组织。可以说，少林武术是我国宝贵的文化遗产,是一张代表中华优秀传统文化的亮丽名片,其已经成为我国在国际上知名度最高的文化符号之一,具有广泛的影响力。

南北朝时期少林武术形成后,不断发展完善,向外传播,以扩大自身和嵩山少林寺的社会影响。如果它和其他许多武术流派一样,仅在民间流传,很可能会长时期默默无闻。在中国,许多人视修身、齐家、治国、平天下为人生的最高理想,少林武术吸纳这一思想,讲求"齐家治国平天下",进而促进了其在社会上的广泛传播。这也是少林武术在隋末唐初扬名之后,发展和传播步伐加快的重要原因之一。五代十国宋金元时期,虽然因元朝统治者屡申兵器之禁,少林武术在元代鲜有起色,但整体上仍然得到进一步发展,并开始东传日本,扬名国外。

明清时期是我国封建社会的最后阶段,各种社会矛盾交织在一起,影响着少林武术的发展和传播。明代嵩山少林寺与政府之间关系密切,无论是对外抗倭守边,还是对内削祸平乱,少林僧兵都立下了赫赫战功,因而博得了明朝统治者的青睐而对少林寺院屡加修缮,并勒石记功。这种宽松的政治环境为明代少林武术的发展和传播提供了有利条件。少林武术传播发展的主要途径表现为以报效国家为主,服务民间为辅,带有鲜明的政治色彩。少林武术生存空间广阔,步入发展的黄金时期。

进入清代以后,因少林寺院有容纳明朝遗老遗少之嫌而受到清朝统治者的猜忌，取消了它以往享有粮饷的待遇并严禁寺院僧人继续练武，这使少林武术发展和传播的常规途径被切断，被迫转入地下习练状态，并加快向民间传播。但随着中国近代化脚步的不断加速，少林武术赖以生存的服务民间的空间日趋狭窄，其日渐衰落乃势之必然。

民国时期，中原军阀混战，匪患严重，自然灾害频繁，社会经济千疮百孔，尤其是1928年军阀石友三火烧嵩山少林寺，不仅使寺院内大量佛经被焚，而且不少武术典籍也化为灰烬，使少林武术发展蒙受了不可估量的损失，不少嵩山少林寺的武僧为了生存不得不另谋出路，这间接使少林武术加快向民间传播。虽然说进入热兵器时代以后，武术的军事价值大为降低，但是武术在战斗中仍然发挥着一定作用，因此，在兵燹匪患不断、社会动荡不安之下，少林武术有了许多一展身手的机会，许多人将练习少林武术作为提高格斗水平、提高战斗力和日常保家护身自卫能力的重要途径。这无疑使少林武术发展和传播的空间得到一定程度的拓展。

中华人民共和国成立后，尤其是改革开放以来，少林武术乘着我国执行正确的宗教政策和大力发展体育事业的春风，获得了新生，加快发展与传播，在国内外的影响日益扩大。

纵观少林武术1500多年的沧桑变迁轨迹，其整体发展经历了南北朝时期的形成、隋唐时期的扬名、五代辽宋夏金元时期初步发展、明代的辉煌、清代民国时期的衰落和中华人民共和国建立后的复兴六个阶段。从少林武术发展、生存的境况来看，其生存、发展与特定时期政治、经济和社会因素息息相关，其兴衰是我国历史与时代变革的一种折射。

# 附录一 少林武术的套路

## 一、少林拳术套路之一 ❶

1. 小洪拳；2. 二路小洪拳；3. 一路大洪拳；4. 二路大洪拳；5. 三路大洪拳；6. 四路大洪拳；7. 六路大洪拳；8. 老洪拳；9. 长护心意门；10. 关东拳路；11. 关东拳；12. 关西拳；13. 云阳拳；14. 一路小通臂拳（母拳）；15. 二路小通臂拳；16. 五路小通臂拳；17. 六路通臂拳；18. 一路大通臂拳；19. 二路大通臂拳；20. 大通臂拳；21. 小通臂拳；22. 提手炮拳；23. 二路炮拳；24. 三路炮拳；25. 少林小炮拳；26. 二路少林小炮拳；27. 少林大炮捶；28. 三皇炮捶拳；29. 一路七星拳；30. 二路七星拳；31. 三路七星拳；32. 一路长拳；33. 二路长拳；34. 三路长拳；35. 少林心意长拳；36. 太祖长拳；37. 罗汉十八势（之一）；38. 罗汉十八势（之二）；39. 一路罗汉拳；40. 二路罗汉拳；41. 三路罗汉拳；42. 罗汉掌；43. 一路罗汉十八手；44. 二路罗汉十八手；45. 三路罗汉十八手；46. 四路罗汉十八手；47. 五路

---

❶ 资料来源：少林寺官方网站《禅露》编辑部 2010 年 3 月 10 日发布，网址 http://www.shaolin.org.cn/newsinfo/84/88/20441.html。

罗汉十八手；48. 六路罗汉十八手；49. 七路罗汉十八手；50. 八路罗汉十八手；51. 九路罗汉十八手；52. 护山子门罗汉十八手；53. 大罗汉；54. 一路梅花拳；55. 二路梅花拳；56. 少林小梅花拳；57. 少林大梅花拳；58. 少林朝阳拳；59. 一路朝阳拳；60. 二路朝阳拳；61. 七星螳螂崩步拳；62. 七星螳螂散手；63. 少林梅花螳螂拳；64. 少林七星螳螂拳；65. 少林白猿螳螂拳；66. 柔拳；67. 五行连环拳；68. 小六合拳；69. 撑拳；70. 鸳鸯腿；71. 护身流星拳；72. 少林铁牛盾拳；73. 六合连拳；74. 虎扑拳；75. 心意拳；76. 心意起落把；77. 猿猴拳；78. 少林十二趟弹腿；79. 园功拳；80. 少林五拳；81. 少林五形八法拳；82. 少林心意门十四闯拳；83. 少林十三抓；84. 少林地龙；85. 子母少林拳；86. 少林脱战拳；87. 少林大战拳；88. 少林十字战拳；89. 十趟弹腿；90. 少林连环拳；91. 金钢拳；92. 跌扑拳；93. 短拳；94. 少林砸拳；95. 达摩点穴拳；96. 侠拳；97. 少林童子功；98. 六合拳；99. 连手短打；100. 石头拳；101. 少林八步连环腿；102. 少林心意把；103. 少林心意拳；104. 二路心意拳；105. 少林二门八极拳；106. 少林连环拳；107. 少林八步连环拳；108. 少林燕形拳；109. 少林五虎拳；110. 少林黑虎拳；111. 少林猛虎拳；112. 少林八法拳；113. 少林五形八法拳；114. 少林莲花拳；115. 少林昭阳拳；116. 少林猴拳；117. 少林戳脚拳；118. 少林劈挂拳；119. 少林天罡拳；120. 少林破莲拳；121. 少林窜宫拳；122. 少林地煞拳；123. 少林降妖拳；124. 少林滚龙掌；125. 少林风火拳；126. 少林醉拳；127. 少林步

拳；128. 少林综合太极拳；129. 少林追风掌；130. 少林短打拳；131. 少林罗王十八掌；132. 少林夜叉铁砂掌；133. 少林豹子捶；134. 少林搜风掌；135. 少林镇山拳；136. 少林出山拳；137. 少林豹窜拳；138. 二路少林豹窜拳；139. 三路少林豹窜拳；140. 四路少林豹窜拳；141. 少林玲珑拳；142. 少林鸡爪龙腰；143. 虎豹头变势；144. 少林金刚拳；145. 一路金刚拳 146. 二路金刚拳；147. 三路金刚拳；148. 四路金刚拳；149. 五路金刚拳；150. 六路金刚拳；151. 七路金刚拳；152. 八路金刚拳；153. 九路金刚拳；154. 十路金刚拳；155. 一路少林五合拳；156. 二路少林五合拳；157. 三路少林五合拳；158. 四路少林五合拳；159. 五路少林五合拳；160. 少林看家拳；161. 一路开山拳；162. 二路迎门拳；163. 三路三著诸葛；164. 四路穿心锤；165. 五路五夫掌；166. 六路地盘腿；167. 七路梅花腿；168. 八路连环捶；169. 九路连环腿；170. 十路埋伏掌；171. 十一路仆地沙；172. 十二路擒敌归山门；173. 十三路守院捶；174. 五步拳；175. 梅花拳；176. 五行十六法；177. 龙拳；178. 十路弹腿。

## 二、少林拳术套路之二❶

常见的少林拳术套路的种类有：1. 小洪拳；2. 大洪拳；3. 心意

---

❶ 资料来源：少林寺网站《禅露》编辑部 2021 年 4 月 22 日发布，网址 http://www.shaolin.org.cn/newsinfo/84/88/22136.html。

拳；4.梅花拳；5.炮拳；6.昭阳拳；7.七星拳；8.心意拳；9.罗汉拳；10.护山子门性功罗汉拳；11.先天罗汉拳；12.长锤拳；13.黑虎拳；14.大通臂拳；15.达摩五经拳；16.小通臂拳；17.柔拳；18.连环拳；19.长拳；20.龙拳；21.长护心意门；22.猴拳；23.罗汉十八手；24.三合拳；25.咬手六合拳；26.盖手六合拳；27.扳手六合拳；28.耳把六合拳；29.踢打六合拳；30.老洪拳；31.功力拳；32.莲花拳；33.鸳鸯腿；34.护身流星拳；35.六合连拳；36.虎扑拳；37.十趟弹腿；38.十二趟弹腿；39.五形八法拳；40.八仙拳；41.少林十三抓；42.三皇炮捶拳；43.子母少林拳；44.少林梅花手；45.少林火龙拳；46.少林反臂拳；47.流星腿；48.少林二祖拳；49.少林五合拳；50.小连环拳；51.风火拳；52.豹子捶；53.镇山拳；54.破连拳；55.天罡拳；56.出山拳；57.白猿螳螂拳；58.十路埋伏拳；59.工字伏虎拳；60.一支梅拳；61.罗汉喜怨拳；62.虎鹰拳；63.关东拳；64.白连拳；65.脱战拳；66.大战拳；67.看家拳；68.拆拳；69.十字战头；70.七星螳螂崩步拳；71.跌扑拳；72.石头拳；73.砸拳；74.三路五子拳；75.达摩点穴拳；76.侠拳；77.燕行青；78.罗王十八拳；79.夜叉铁沙拳；80.豹子拳；81.炮捶；82.搜风拳；83.猛虎拳；84.云阳拳；85.五形连环拳；86.掌拳；87.太祖长拳；88.佛汉拳；89.地趟拳；90.金刚拳；91.伏虎拳；92.青龙出海拳；93.翻子拳；94.练步拳；95.欢潮拳；96.长寿拳；97.内功拳；98.圆功拳；99.五战拳；100.五虎拳；101.五形拳；102.鹰爪拳；103.护山子门

罗汉拳；104. 虎战拳；105. 迷踪罗汉拳；106. 穿心拳；107. 八卦拳；108. 罗汉拳叶掌；109. 罗汉缠打；110. 罗汉阴风拳；111. 金石拳；112. 梅花螳螂拳；113. 饿虎拳；114. 鸡拳；115. 地术拳；116. 风水拳；117. 反臂拳；118. 碎拳；119. 四门拳；200. 迎门拳；201. 地盘拳；202. 五祖拳；203. 连环捶；204. 埋伏拳；205. 蛇拳；206. 虎拳；207. 鹤拳；208. 擒敌拳；209. 流星拳；210. 五形连环拳；211. 拦截螳螂拳；212. 铁牛盾拳；213. 八极拳；214. 八阵拳；215. 开山拳；216. 咏春拳；217. 三荐拳；218. 五夫拳；219. 看家梅花拳；220. 地煞拳；221. 守院拳；222. 连手短打；223. 合战拳；224. 走马六合拳；225. 崩步对练；226. 黑虎对练；227. 对拳；228. 一百零八对拳；229. 缠打六合拳；230. 二十四炮等。

## 三、器械套路 ❶

1. 一路梅花单刀；2. 二路梅花单刀；3. 三路梅花单刀；4. 古单刀；5. 一路单刀；6. 老单刀；7. 七星单刀；8. 上搂单刀；9. 背旋单刀；10. 一路双刀；11. 六合双刀；12. 春秋大刀（之一）；13. 春秋大刀（之二）；14. 春秋大刀（之三）；15. 关公破长沙二十四势；16. 开山刀；17. 少林大刀八趟；18. 朴刀；19. 六合单刀；20. 少林单刀；21. 梅花

---

❶ 资料来源：少林寺网站《禅露》编辑部 2010 年 3 月 10 日发布，网址 http://www.shaolin.org.cn/newsinfo/84/88/20442.html。

单刀；22.春秋大刀；23.少林双刀；24.少林青龙刀；25.少林梅花刀；26.少林黑龙刀；27.少林五虎群羊刀；28.少林雁形刀；29.少林四门刀；30.少林缠头刀；31.少林寺南院双刀十一招；32.十三枪；33.二十一名枪；34.四十八枪；35.花枪；36.六合枪37.少林长枪；38.少林连环枪；39.金枪二十四式；40.少林十三名枪；41.少林梅花枪；42.少林乌龙枪；43.少林大花枪；44.少林扭丝枪；45.少林二十四枪；46.达摩剑（之一）；47.达摩剑（之二）；48.龙行剑；49.青龙剑；50.乾坤剑；51.行龙剑；52.五堂剑；53.梅花剑；54.九宫剑；55.八仙剑；56.少林稠公剑；57.少林搜风剑；58.少林火龙剑；59.少林云阳剑；60.少林龙泉剑；61.少林龙形剑；62.少林五法剑；63.少林连环剑；64.少林十形剑；65.少林三十六剑；66.少林风魔剑；67.少林上盘八仙剑；68.少林七星剑；69.少林达摩剑；70.少林形龙剑；71.少林窜林剑；72.少林青风剑73.少林童子剑；74.梢子棍；75.风火棍；76.小梅花棍；77.夜叉棍；78.大夜叉棍；79.俞家少林棍；80.阴手棍；81.少林短棍；82.猴棍；83.猿猴棒；84.六合阴手棍；85.六合风里夜叉棍；86.烧火棍；87.阴手眉齐棍；88.子母少林棍；89.少林风摩棍；90.阴阳棍；91.六合棍；92.眉齐棍；93.少林棍；94.破棍；95.细女穿线棍；96.六回排棍；97.白蛇棍；98.少林上盘八仙棍；99.少林五虎群羊棍；100.少林大圣棍；101.少林旋风棍；102.少林天齐棍；103.少林梅花棍；104.少林飞龙棍；105.子母少林棍；106.二路梅花棍；107.小六合棍；108.二路达摩棍；109.少

林达摩棍；110. 少林穿梭棍；111. 少林齐眉棍；112. 少林流星棍；113. 一路梅花单拐；114. 二路梅花单拐；115. 梅花双拐（一）；116. 梅花双拐（二）；117. 方便铲；118. 月牙斧；119. 三股叉；120. 虎头双钩（一）；121. 虎头钩；122. 猿手鞭；123. 少林护手鞭；124. 少林四门八步鞭；125. 少林双鞭；126. 刀里加鞭；127. 少林赶山鞭；128. 一路秀圈；129. 二路秀圈；130. 日月乾坤圈；131. 子午鸳鸯钺；132. 鸡爪镰；133. 双草镰；134. 月牙；135. 少林月牙铲；136. 一路单匕首；137. 二路单匕首；138. 一路双匕首；139. 二路双匕首；140. 方天戟；141. 达摩杖；142. 画戟；143. 马牙刺；144. 少林单拐；145. 少林板凳功；146. 大夜叉棍对练；147. 程宗猷棍法五十五势；148. 少林金刚凿；149. 少林护手钺；150. 少林月牙刀；151. 少林天罡劈水扇；152. 少林草镰；153. 少林闭血鸳鸯铎；154. 少林五合掌；155. 少林转堂拐；156. 少林闭血鸳鸯幡；157. 少林两节棍；158. 少林双流星；159. 少林铁扫帚；160. 少林猎燕叉；161. 少林雁翅镋；162. 少林鲁侠铲；163. 少林方便铲；164. 少林托天叉；165. 少林羊角拐；166. 少林牛角拐；167. 少林双拐；168. 二路少林双拐；169. 少林金刚圈；170. 少林宣花斧；171. 少林短打追魂铲；172. 少林双锏；173. 少林长把槊；174. 少林护手钩；175. 少林金花锤；176. 少林降魔钺；177. 少林三节棍；178. 二路达摩杖；179. 少林绳鞭；180. 少林双折鞭；181. 少林僧鞋；182. 少林挎虎篮；183. 少林伏龙双钵；184. 少林双竹筷；185. 少林子午丁；186. 少林莲花寺命

钎；187. 少林佛尘；188. 少林铁笛；189. 少林山河带；190. 少林镖刀；191. 少林飞镖；192. 少林梅花截木针。

## 四、对练套路 ❶

1. 耳把六合拳；2. 踢打六合拳；3. 二路踢打六合拳；4. 对练六合拳；5. 咬手六合拳；6. 对风摩棍；7. 对眉齐棍；8. 六合棍对练；9. 对练六合枪；10. 梢子棍破枪；11. 绞手梢子棍破枪；12. 三节棍破枪；13. 二人对刀（之一）；14. 二人对刀（之二）；15. 二人对刀（之三）；16. 单刀破枪（之一）；17. 单刀破枪（之二）；18. 双刀破枪（之一）；19. 双刀破枪（之二）20. 大刀破枪（之一）；21. 大刀破枪（之二）；22. 单拐破枪；23. 双拐破枪（之一）；24. 双拐破枪（之二）；25. 单刀拐破枪；26. 草镰破枪（之一）；27. 草镰破枪（之二）；28. 双铜破枪；29. 三股叉破枪；30. 单刀破双枪；31. 双刀破双枪；32. 大刀破双枪（之一）；33. 大刀破双枪（之二）；34. 三人对枪；35. 白手夺二刀；36. 三英战吕布；37. 五虎群羊；38. 少林十三折对折；39. 赤尻拳；40. 罗汉十八手对练；41. 罗汉缠打对练；42. 罗汉拉手对练；43. 少林六合拳；44. 二路少林六合拳；45. 三路少林六合拳；46. 四路少林六合拳；47. 少林崩步拳对练；48. 少林黑虎拳对练；49. 朴刀破枪；

---

❶ 资料来源：少林寺网站《禅露》编辑部 2010 年 3 月 10 日发布，网址 http://www.shaolin.org.cn/newsinfo/84/88/20443.html。

50. 拐子破枪；51. 单铜破枪；52. 对刺枪；53. 少林六合枪；54. 少林六合棍；55. 少林风魔棍对练；56. 少林对花枪；57. 小夜叉棍对练；58. 大夜叉棍对练；59. 少林俞家棍。

## 五、其他功法❶

### （一）七十二艺

1. 铁臂功；2. 排打功；3. 铁扫帚功；4. 足射功；5. 腿踢功；6. 铜砂掌（竹叶手）；7. 蛇形术蜈蚣跳；8. 提千斤；9. 罗汉功；10. 铁头功；11. 四段功；12. 铁布衫功；13. 双锁功；14. 上罐功；15. 石锁功；16. 铁珠袋；17. 千斤闸；18. 鞭劲功；19. 分水功；20. 玉带功；21. 鹰翼功；22. 跳跃法；23. 霸王肘；24. 一指金刚法；25. 拔钉功；26. 一指禅功；27. 石桩功；28. 金钟罩；29. 铁牛功；30. 旋风掌；31. 卧虎功；32. 拔山功；33. 金龙手（合盘掌）；34. 推山功（推山掌）；35. 踢木桩（踢桩功）；36. 鹰爪功；37. 斩魔剑；38. 玄空拳；39. 金砂掌（摩擦术）；40. 铁砂掌；41. 飞行功；42. 枪刀不入法；43. 五毒追砂掌（五毒手）；44. 飞檐走壁法；45. 一线穿；46. 蹿纵术 47. 金铲指；48. 揭谛功；49. 梅花桩；50. 拈花功；51. 螳螂爪；52. 跑板功；53. 闪战法；54. 金刀换掌法；55. 轻身术；56. 铁膝功；57. 陆地飞行术；58. 穿帘功；

---

❶ 资料来源：少林寺网站《禅露》编辑部 2010 年 3 月 10 日发布，网址 http://www.shaolin.org.cn/newsinfo/84/88/20444.html。

59.浪里钻（泗水术）；60.点石功；61.琵琶功；62.柔骨功；63.壁虎游墙术；64.门裆功；65.翻腾术；66.布袋功；67.蛤蟆功；68.千层纸功；69.弹子拳；70.锁指功；71.追风掌功；72.软玄功。

（二）擒拿术

1.身体各部位擒拿法；2.擒拿十八法；3.解脱三十二法；4.擒拿十技法；5.擒拿七十二手法；6.安公擒拿六妙法；7.擒拿八法；8.擒拿卸骨十七指；9.卸骨论；10.解裁十法；11.拿法三十二招；12.四十六擒拿法。

（三）点穴法

1.少林点穴法第一层功夫；2.少林点穴法第二层功夫；3.少林点穴法第三层功夫；4.不同手型点穴法；5.要害穴后点打法；6.点穴手法；7.取穴尺寸折算法；8.常用取穴法。

（四）气功

1.少林气功。

少林静禅功；少林十段功。

2.少林柔功。

少林风摆柳功；少林金刚拳；少林一指金；少林八段锦；少林童子功（十六式）；易筋经（十二式）；少林八门第一段功。

3. 少林轻气功。

少林飞毛腿功；少林跳砂坑功；少林流星步功；少林二指禅功。

4. 少林硬气功。

少林指钻墙功；少林掌分砖功；少林拳分石功；少林头撞壁功。

5. 少林太和气功。

睡法（十八式）；禅坐法（十九式）；高坐法（十九式）；站转法（二十式）。

6. 达摩易筋洗髓经。

7. 益寿阴阳法。

# 附录二 《少林习武戒约》[1]

戒为菩提根本,也是武德根,想我少林,立世千载,不为无因,今吾顺承古意,赓续前言,恳为诸子,略叙鄙怀,其约如下:

壹、戒叛师

凡少林弟子,须尊师守礼,明道为先;法贤进德,至善是念。

贰、戒忘恩

凡少林弟子,当孝恩是膺,济报有常;伤亲害友,雷怨众迁。

叁、戒诸恶

凡少林弟子,当净意择善,律己从道;杀盗淫妄,功德尽捐。

肆、戒淫艺

凡少林弟子,当虚己勤习,抱朴专艺;博识凝神,心沉自雄。

伍、戒偏执

凡少林弟子,须体用兼备,明体达用;禅武并重,宗风乃彰。

陆、戒怠惰

凡少林弟子,须敬事不辍,信理不馁;朝夕精练,久久为功。

---

[1] 资料来源:少林寺官方网站·少林功夫·习武戒约,网址 http://www.shaolin.org.cn/news/84/104.html。

柒、戒欺斗

凡少林弟子，禁逞强斗狠，恃技辱人；狂心戾气，必招悔恨。

捌、戒帮派

凡少林弟子，实同袍连枝，气属一体；狭私阴聚，伤吾浩然。

玖、戒毁他

凡少林弟子，当和敬同道，砥砺共进；自赞毁他，当知是耻。

拾、戒抗诏

凡少林弟子，当心系大义，有召必应；苟利众生，忘身如归！

凡此十戒，自度度他，当遵不犯，志心恒念！

# 参考文献

## 一、古籍类

[1] 管仲著,房玄龄注:《管子》,明万历十年刻本。

[2] 左丘明:《春秋左传》,明崇祯年间刻本。

[3] 司马迁:《史记》,北京:中华书局,1959年点校本。

[4] 班固:《汉书》,北京:中华书局,1962年点校本。

[5] 萧统:《文选》,明隆庆六年刻本。

[6] 沈约:《宋书》,明崇祯七年刻本。

[7] 范晔:《后汉书》,北京:中华书局,1965年点校本。

[8] 杨衒之:《洛阳伽蓝记》,四部丛刊三编影印明如隐堂本。

[9] 魏收:《魏书》,北京:中华书局,1974年点校本。

[10] 费长房:《历代三宝纪》(亦名《开皇三宝录》《长房录》《房录》《三宝纪》),北宋元祐六年刻本。

[11] 魏征等:《隋书》,北京:中华书局,1973年点校本。

[12] 张鷟:《朝野佥载》,明嘉靖二十三年刻本。

[13] 杜牧:《樊川集》,明崇祯年间刻本。

[14] 释道宣:《高僧传二集》,清光绪十八年刻本。

[15] 韦述:《两京新记》,清佚存丛书本。

[16] 令狐德棻等：《周书》，北京：中华书局，1971年点校本。

[17] 刘昫等：《旧唐书》，北京：中华书局，1975年点校本。

[18] 欧阳修：《新唐书》，北京：中华书局，1975年点校本。

[19] 释道原：《景德传灯录》，四部丛刊三编景宋本。

[20] 张君房：《云笈七籤》，明正统年间刻本。

[21] 圆悟克勤：《碧岩录》，明嘉靖年间刻本。

[22] 王钦若等：《册府元龟》，明崇祯十五年刻本。

[23] 乐史：《太平寰宇记》，清嘉庆六年刻本。

[24] 释普济：《五灯会元》，南宋刻本。

[25] 释志磐：《佛祖统纪》，上海：涵芬楼，1938年影印本。

[26] 元好问：《遗山先生文集》，明弘治十一年刻本。

[27] 苏天爵：《国朝文类》（又名《元文类》），上海：涵芬楼，四部丛刊本。

[28] 脱脱等：《金史》，北京：中华书局，1975年点校本。

[29] 释念常：《佛祖通载》，大正新修《大藏经》本。

[30] 陈高：《不系舟渔集》，上海：上海古籍出版社，2005年版。

[31] 宋濂：《宋文宪公全集》，上海：中华书局，1936年版。

[32] 宋濂等：《元史》，北京：中华书局，1976年点校本。

[33] 危素：《危太仆文集续集》，吴兴：刘氏嘉业堂，民国年间刊本。

[34] 净柱：《五灯会元续略》，上海：涵芬楼，1933年据1905—1912年日本京都藏经书院本影印本。

[35] 杨士奇，黄维：《历代名臣奏议》，明崇祯八年刻本。

[36] 万表：《海寇议》，明嘉靖年间刻本。

[37] 俞大猷：《正气堂集》，明嘉靖四十四年刻本。

[38] 俞大猷：《正气堂续集》，明隆庆年间刻本。

[39] 郑若曾:《江南经略》,明隆庆二年刻本。

[40] 王世贞:《觚不觚录》,明万历年间刻本。

[41] 袁宏道:《袁中郎全集》,明万历年间刻本。

[42] 程开祜:《筹辽硕画》,明万历年间刻本。

[43] 赵本学:《续武经总要》,明万历年间刻本。

[44] 傅梅:《嵩书》,明万历四十年刻本。

[45] 程宗猷:《少林棍法阐宗》,明天启元年刻本。

[46] 胡宗宪:《筹海图编》,明天启四年刻本。

[47] 徐学聚:《国朝典汇》,明天启四年刻本。

[48] 葛寅亮:《金陵梵刹志》,明天启七年刊本。

[49] 茅元仪:《武备志》,明天启年间刻本。

[50] 冯梦龙:《喻世明言》,明天启年间刻本。

[51] 冯梦龙:《醒世恒言》,沈阳:辽宁古籍出版社,1995年版。

[52] 张鼐:《宝日堂初集》,明崇祯二年刻本。

[53] 陈仁锡:《无梦园初集》,明崇祯六年刻本。

[54] 袁宏道:《袁中郎全集》,明崇祯年间刻本。

[55] 凌濛初:《拍案惊奇》,明崇祯年间刻本。

[56] 凌濛初:《二刻拍案惊奇》,明崇祯年间刻本。

[57] 佚名:《云间杂志》,清乾隆三十四年刻本。

[58] 刘若愚:《酌中志》,清道光二十五年刻本。

[59] 张瀚:《松窗梦语》,钱塘嘉惠堂,光绪二十三年刻本。

[60] 陆粲:《说听》,上海:上海文明书局,1915年石印本。

[61] 沈德符:《万历野获编》,北京:中华书局,1959年版。

[62] 《明太祖实录》,台北:台湾"中央研究院"历史语言研究所,1962年校印本。

[63]《明成祖实录》，台北：台湾"中央研究院"历史语言研究所，1962年校印本。

[64]《明宣宗实录》，台北：台湾"中央研究院"历史语言研究所，1962年校印本。

[65]《明英宗实录》，台北：台湾"中央研究院"历史语言研究所，1962年校印本。

[66]《明宪宗实录》，台北：台湾"中央研究院"历史语言研究所，1962年校印本。

[67]《明孝宗实录》，台北：台湾"中央研究院"历史语言研究所，1962年校印本。

[68]《明武宗实录》，台北：台湾"中央研究院"历史语言研究所，1962年校印本。

[69]《明世宗实录》，台北：台湾"中央研究院"历史语言研究所，1962年校印本。

[70]《明神宗实录》，台北：台湾"中央研究院"历史语言研究所，1962年校印本。

[71]《明熹宗实录》，台北：台湾"中央研究院"历史语言研究所，1962年校印本。

[72] 释幻轮：《释氏稽古略续集》，南京：江苏广陵古籍刻印社，1992年版。

[73] 余继登：《典故纪闻》，北京：中华书局，1981年版。

[74] 王士性：《广志绎》，北京：中华书局，1981年点校本。

[75] 韩邦奇：《苑洛集》，影印文渊阁《四库全书》第1269册，台北：台湾商务印书馆，1986年版。

[76] 李中馥：《原李耳载》，北京：中华书局，1987年版。

[77] 张应俞：《杜骗新书》，上海：上海古籍出版社，1990年版。

[78] 邓士龙：《国朝典故》，北京：北京大学出版社，1993年点校本。

[79] 王士性：《王士性地理书三种》，上海：上海古籍出版社，1993年版。

[80] 葛寅亮：《金陵梵刹志》，《续修四库全书》第718册，上海：上海古籍出版社，2002年版。

[81] 徐光启：《农政全书》，长沙：岳麓书社，2002年校注本。

[82] 释明河：《补续高僧传》，《大藏新纂卍字续藏》第77册，石家庄：河北省佛教协会虚云印经功德藏，2006年版。

[83] 周晖：《续金陵琐事》，南京：南京出版社，2007年版。

[84] 宋奎光：《径山志》，济南：齐鲁书社，2009年版。

[85] 顺治《河南通志》，清顺治十七年刻本。

[86] 顾炎武：《日知录》，清康熙三十四年刻本。

[87] 赵吉士：《寄园寄所寄》，清康熙三十五年刻本。

[88] 景日昣：《说嵩》，清康熙六十年刻本。

[89] 叶封：《嵩阳石刻集记》，清康熙年间刻本。

[90] 李渔：《连城璧》，清康熙年间刻本。

[91] 潘耒：《遂初堂集》，清康熙年间刻本。

[92] 褚人获：《坚瓠集》"余集"，清康熙年间刻本。

[93] 雍正《河南通志》，清雍正十三年刻本。

[94] 叶封，施奕簪：《少林寺志》，清乾隆十三年刻本。

[95] 乾隆《河南府志》，清乾隆四十四年刻本。

[96] 永瑢：《四库全书总目》，清乾隆年间刻本。

[97] 张廷玉等：《明史》，北京：中华书局，1974年点校本。

[98] 王昶：《金石萃编》，清嘉庆十年刻本。

[99] 吴殳：《手臂录》，清嘉庆十七年刻本。

[100] 张穆：《顾亭林先生年谱》，清道光二十四年刻本。

[101] 陈继儒：《宝颜堂秘笈》，上海：上海文明书局，1922年石印本。

[102] 何瞻：《大清律例》，北京：科学出版社，1994年点校本。

[103] 汪价：《中州杂俎》，安阳：三怡堂，1921年校刻本。

[104] 李绿园：《歧路灯》，上海：上海古籍出版社，1990年版。

[105] 曹焕斗：《拳经》，清代绘图本。

[106] 徐珂：《清稗类钞》，上海：商务印书馆，1920年版。

[107] 乾隆《歙县志》，清乾隆三十六年刊本。

[108] 乾隆《登封县志》，清乾隆五十三年刻本。

[109] 道光《太原县志》，清道光六年刊本。

[110] 麟庆:《鸿雪因缘图记》，清道光二十七年刻本。

[111]《清世祖实录》，北京：中华书局，1985年据中国第一历史档案馆原皇史宬大红绫影印本。

[112]《清圣祖实录》，北京：中华书局，1985年据中国第一历史档案馆原皇史宬大红绫影印本。

[113]《清世宗实录》，北京：中华书局，1985年据中国第一历史档案馆原皇史宬大红绫影印本。

[114]《清高宗实录》，北京：中华书局，1985—1986年据中国第一历史档案馆原皇史宬大红绫影印本。

[115]《清仁宗实录》，北京：中华书局，1986年据中国第一历史档案馆原皇史宬大红绫影印本。

[116]《清宣宗实录》，北京：中华书局，1986年据中国第一历史档案馆原皇史宬大红绫影印本。

[117]《清文宗实录》，北京：中华书局，1986年据中国第一历史档案馆原皇史宬大红绫影印本。

[118]《清穆宗实录》，北京：中华书局，1986年据中国第一历史档案馆原皇史宬大红绫影印本。

[119]《清德宗实录》，北京：中华书局，1986年据中国第一历史档案馆原皇史宬大红绫影印本。

[120] 归有光:《归震川先生全集》，四部备要本。

[121] 凌扬藻:《蠡勺编》，清同治二年刻本。

[122] 总理衙门:《御制文集》，清光绪五年铅印本。

[123] 孙汝明等：《五台新志》，清光绪九年刊本。

[124] 王锡祺：《小方壶舆地丛钞》，上海：著易堂，清光绪十七年刊本。

[125] 嵇璜等：《续文献通考》，上海：图书集成局，清光绪二十七年铅印本。

[126] 王昶：《金石萃编》，上海：扫叶山房，1921年石印本。

[127] 小横香室主人：《清朝野史大观》，上海：中华书局，1936年版。

[128] 陆耀遹：《金石续编》，台北：艺文印书馆，1966年影印本。

[129] 谷应泰：《明史纪事本末》，北京：中华书局，1977年点校本。

[130] 王昶：《春融堂集》，上海：上海古籍出版社，1996年版。

## 二、当代著作类

[1] 赵宝俊：《少林寺》，上海：上海人民出版社，1982年版。

[2] 无谷，刘志学：《少林寺资料集》，北京：书目文献出版社，1982年版。

[3] 汤用彤：《汉魏两晋南北朝佛教史》，北京：中华书局，1983年版。

[4] 陈显泗：《中州胜迹概览》，郑州：中州书画出版社，1983年版。

[5] 无谷，姚远：《少林寺资料集续编》，北京：书目文献出版社，1984年版。

[6] 张海鹏，王廷元：《明清徽商资料选编》，合肥：黄山书社，1985年版。

[7] 张国臣，吕江水：《少林诗词选》，北京：中国旅游出版社，1985年版。

[8] 石峻等：《中国佛教思想资料选编》，北京：中华书局，1989年版。

[9] 德虔：《少林武僧志》，北京：北京体育学院出版社，1990年版。

[10] 康戈武：《中国武术实用大全》，北京：今日中国出版社，1990年版。

[11] 德虔，素法：《少林拳精粹》，北京：北京体育学院出版社，1990年版。

[12] 莹腾，清静，万象：《少林寺全传》，北京：北京体育学院出版社，1990年版。

[13] 张研：《清代族田与基层社会结构》，北京：中国人民大学出版社，1991

年版。

[14] 杨曾文：《敦煌新本〈六祖坛经〉》，上海：上海古籍出版社，1993年版。

[15] 张海鹏，张海瀛：《中国十大商帮》，合肥：黄山书社，1993年版。

[16] 高阳：《胡雪岩全传》，北京：中国友谊出版公司，1995年版。

[17] 国家体委武术研究院：《中国武术史》，北京：人民体育出版社，1997年版。

[18] 牛建强：《明代人口流动与社会变迁》，开封：河南大学出版社1997年版。

[19] 张耀庭：《中国武术史》，北京：人民体育出版社，1997年版。

[20] 温玉成：《少林访古》，天津：百花文艺出版社，1999年版。

[21] 张国臣：《中国少林文化学》，郑州：河南人民出版社，1999年版。

[22] 朱绍侯等：《中国古代史》，福州：福建人民出版社，2000年版。

[23] 郑鹏程，丁波：《中国宗教流变史》，武汉：湖北人民出版社，2000年版。

[24] 少林文化研究所：《少林文化研究论文集》，北京：宗教文化出版社，2001年版。

[25] 谭松林：《中国秘密社会》，福州：福建人民出版社，2002年版。

[26] 南炳文：《佛道秘密宗教与明代社会》，天津：天津古籍出版社，2002年版。

[27] 吕宏军：《嵩山少林寺》，郑州：河南人民出版社，2002年版。

[28] 释永信：《中国少林寺（碑刻卷）》，北京：中华书局，2003年版。

[29] 张耀庭：《中国体育史》，北京：人民体育出版社，2003年版。

[30] 蔡宝忠：《中国武术史专论》，北京：人民体育出版社，2003年版。

[31] 谢国桢：《江浙访书记》，上海：世纪出版集团、上海书店出版社，2004年版。

[32] 蒋维乔：《中国佛教史》，上海：世纪出版集团、上海古籍出版社，2004年版。

[33] 周齐：《明代佛教与政治文化》，北京：人民出版社，2005年版。

[34] 任继愈：《任继愈禅学论集》，北京：商务印书馆，2005年版。

[35] 陈锋：《明清以来长江流域社会发展史论》，武汉：武汉大学出版社，2006

年版。

[36] 张志哲：《中华佛教人物大辞典》，合肥：黄山书社，2006 年版。

[37] 乔凤杰：《中华武术与传统文化》，北京：社会科学文献出版社，2006 年版。

[38] 孙玮，常松木：《历代名人与嵩山》，郑州：河南人民出版社，2009 年版。

[39] 河南省社会科学界联合会：《嵩泉的回响》，郑州：河南大学出版社，2012 年版。

[40] 康戈武：《中国武术实用大全》，北京：中华书局，2014 年版。

[41] 李振亮，崔洪波：《少林武术发展史》，郑州：河南人民出版社，2019 年版。

## 三、论文类

[1] 刘敦桢：《河南省北部古建筑调查记》，《中国营造学社汇刊》1937 年第 6 卷第 4 期。

[2] 张家泰：《少林寺考》，《中原文物》1981 年特刊。

[3] 谭华：《北朝僧人习武与少林武源》，《成都体育学院学报》1982 第 2 期。

[4] 栗胜夫：《少林拳武源探讨》，《武汉体育学院学报》1982 年第 3 期。

[5] 张传玺：《少林武术与达摩并无关系》，《光明日报》1984 年 2 月 22 日第 3 版。

[6] 吉良辰：《嵩山少林寺与少林武术》，《北京体育》1984 年第 1 期。

[7] 马贤达：《试论我国武术史上的达摩与少林寺》，《西安体育学院学报》1984 年第 1 期。

[8] 栗胜夫：《少林拳的产生与渊源》，《体育文史》1989 年第 5 期。

[9] 周伟良：《少林武术探源》，《中华武术》1989 年第 11 期。

[10] 林伯原：《论明清时期少林寺拳术的发展与传播》，《北京体育学院学报》1991 年第 3 期。

[11] 旷文楠:《少林习武的发端及早期道教武术》,《体育文史》1994年第4期。

[12] 佚名:《"少林"牌火腿肠引起诉讼》,《中国律师》1994年第3期。

[13] 李晓:《火腿肠广告激怒少林寺,食品厂因侵权败诉》,《广告大观》1996年第8期。

[14] 栗胜夫,时金钟:《少林寺的历史及演变》,《武汉体育学院学报》2001年第1期。

[15] 毛汝采:《蒋介石的嵩岳之游》,《纵横》2001年第6期。

[16] 温玉成:《少林寺历史概述》,少林文化研究所:《少林文化研究论文集》,北京:宗教文化出版社,2001年版。

[17] 马爱民:《从稠禅师及邺下定晋禅院考察看少林武术发端》,《体育学刊》2002年第5期。

[18] 马爱民:《邺下高僧对少林寺和少林武术的贡献与影响》,《体育学刊》2003年第3期。

[19] 蔡宝忠:《少林武术之谜的形成与破译》,《沈阳体育学院学报》2003年第3期。

[20] 程大力:《少林宗法与少林武术》,《少林功夫文集》,登封:少林书局,2003年版。

[21] 嵩山少林寺:《少林寺大事记》,《中华武术》2003年第9期。

[22] 马爱民:《拳捷的文化内涵考略》,《体育文化导刊》2004年第5期。

[23] 周伟良:《师徒论——传统武术的一个文化现象诠释》,《北京体育大学学报》2004年第5期。

[24] 朱永光,林群勋,蔡宝忠:《少林武术起源五种"创拳说"评述》,《北京体育大学学报》2004年第12期。

[25] 葛兆光:《记忆、神话以及历史的消失——以北齐僧稠禅师的资料为例》,

《东岳论丛》2005第4期。

[26] 周伟良:《明清时期少林武术活动的历史流变》,《体育文化导刊》2004年第1期。

[27] 王振忠:《少林武术与徽商及明清以还的徽州社会》,《徽学》2005年第3卷。

[28] 赵红波,秦瑞瑞:《"少林武术名天下"的原因探析》,《搏击·武术科学》2005年第10期。

[29] 程鹏宇:《稠禅师与少林寺及少林武术》,《山东体育学院学报》2006年第3期。

[30] 韩雪,金龙:《少林武术的文化成因》,《搏击·武术科学》2006年第6期。

[31] 王玉滇:《破译少林武术起源之谜》,《搏击·武术科学》2006年第7期。

[32] 邱瑞琅:《少林武术发展的分期研究》,《体育文化导刊》2006年第9期。

[33] 程大力:《少林寺"十三棍僧救唐王"详考》,《成都体育学院学报》2007年第1期。

[34] 申怀松:《少林武术起源考辨——僧稠创拳说》,《河北体育学院学报》2007年第1期。

[35] 牛建强,赵长贵:《明清时期河南少林武术生存空间之演变》,《中州学刊》2007年第4期。

[36] 万瑜,蔡宝忠:《少林武术"拳禅合一"的结合点》,《山东体育学院学报》2009年第1期。

[37] 刘亚轩:《少林寺与少林武术》,《中国城市经济》2011年第12期。

[38] 赵长贵:《明太祖佛教政策演变论说》,《北方论丛》2013年第5期。

[39] 韩焕忠:《女皇孝思寄山门——武则天与少林寺诗文浅析》,《湖北工程学院学报》2018年第5期。

[40] 周伟良:《福建少林寺史料辩证——兼论南少林的历史缘起》,《中华武术》2018年第7期。

[41] 王雅芬:《明清时期少林武术活动的历史流变》,《教育教学论坛》2019年10月第43期。

[42] 温玉成:《少林武术发展史略》,《少林与太极》2020年第8期。

[43] 何晓芳:《日僧大智东传少林武术研究》,《体育研究与教育》2021年第2期。

[44] 王慧:《少林武术发展历程研究》,《武术研究》2021年第5期。

# 后　记

我在读硕士阶段即对少林武术产生了浓厚的兴趣，于是在业师牛建强先生指导下，将硕士论文题目定为《明清时期嵩山少林寺与少林武术研究》。遥想当年在写作硕士论文过程中，从选题到资料的搜集，牛建强先生皆悉心指导，指点迷津；汪维真先生谆谆教诲，帮扶鼓励；同窗刘炳阳、李祥东和石英，尤其是我的家人，都以不同方式予以支持。每想到彼时的感人情景，仍令我感激不已。

在硕士毕业后，我长期从事少林寺和少林武术的研究，并一直想将这些研究成果总结、拓展、深化后出版。但是，因为参加工作后研究方向发生很大变化，加之事务繁多，出版费用也不菲，一直未能如愿。承蒙乐于助人的好友郭胜利先生急我所急，多方提供帮助，才使我的昔日梦想成真。在此，对郭先生的热情帮助表示衷心感谢。

在写作此书的过程中，张柏林、赵颖乐、帖伟芝老师和赵狮、郭同泽、向立东三位学生提供了许多帮助，他们查阅相关史籍，辑录了大量碑文、铭文、档案等文献。其中，赵狮对第六章"民国时期少林武术的凋零"作了文稿校对和文献整理工作,郭同泽对第七章"中华人民共和国成立后少林武术的新生"作了文稿校对和文献整理工作。此外,在我写作本书的过程中,善解人意的妻子魏岩女士主动包揽了全部家务和其他事务,任劳任怨,使我能够专心写作。对以上诸君的辛勤付出和热情帮助,在此一并表示衷心感谢!

拙文不足之处,敬请方家不吝指正!

赵长贵

2023 年 5 月 26 日于开封